教育部职业教育与成人教育司推荐教材

职业教育财经商贸类专业教学用书

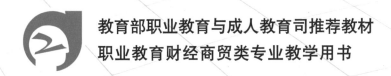

基础会计

（第六版）

主 编　励　丹

副主编　蒋永珍

华东师范大学出版社

·上海·

图书在版编目（CIP）数据

基础会计/励丹主编. —6 版. —上海：华东师范大学出
版社,2023

ISBN 978－7－5760－4364－8

Ⅰ.①基…　Ⅱ.①励…　Ⅲ.①会计学－职业教育－教
材　Ⅳ.①F230

中国国家版本馆 CIP 数据核字（2024）第 000203 号

基础会计（第六版）

教育部职业教育与成人教育司推荐教材
职业教育财经商贸类专业教学用书

主　　编　励　丹
责任编辑　何　晶
责任校对　时东明　劳律嘉
装帧设计　庄玉侠

出版发行　华东师范大学出版社
社　　址　上海市中山北路 3663 号　邮编 200062
网　　址　www. ecnupress. com. cn
电　　话　021－60821666　行政传真 021－62572105
客服电话　021－62865537　门市（邮购）电话 021－62869887
地　　址　上海市中山北路 3663 号华东师范大学校内先锋路口
网　　店　http：//hdsdcbs. tmall. com

印 刷 者　上海华顿书刊印刷有限公司
开　　本　787 毫米×1092 毫米　1/16
印　　张　11.5
字　　数　295 千字
版　　次　2024 年 1 月第 6 版
印　　次　2024 年 8 月第 2 次
书　　号　ISBN 978－7－5760－4364－8
定　　价　38.00 元

出版人　王　焰

（如发现本版图书有印订质量问题,请寄回本社客服中心调换或电话 021－62865537 联系）

出版说明 （第六版）

CHUBANSHUOMING

本书是"教育部职业教育与成人教育司推荐教材"，职业教育财经商贸类专业的教学用书。

本书文字阐述简明易懂，编排形式生动活泼、图文并茂，是作者根据三十多年教学经验，针对会计类专业学生的特点编写而成的。对学生来说，易懂；对教师而言，好教。

具体的栏目设计如下：

学习目标：提纲挈领，简要指出各章的主要教学目标。

小 知 识：补充解释各种重要名词。

小 思 考：提出各种小问题，激发学生深入思考。

课堂DIY：设计了填制各种会计凭证的练习题，供学生操练。

为了方便老师的教学活动，本书还配套有习题集，习题集的编排与教材同步，设计题型全面，由浅入深，既可供学生练习，又可作为老师的命题参考书。

华东师范大学出版社
2024 年 1 月

前　言（第六版）

QIANYAN

　　本教材是教育部职业教育与成人教育司推荐教材，也是职业教育财经、商贸类专业基础课教材，内容是以《中华人民共和国会计法》、《企业会计准则——基本准则》及相关细则为依据，针对会计岗位的要求和特点编写的。

　　本教材是会计学的入门教材，主要介绍会计概述、会计要素与会计等式、账户与复式记账、借贷记账法在工业企业中的运用、会计凭证、登记账簿、财产清查、财务会计报告、会计处理程序和会计假设与会计信息质量要求等内容，并以《中华人民共和国会计法》及《会计基础工作规范》作为附录，方便读者查阅。作者总结三十多年中高职学校的教学经验，以简明易懂的文字阐述了会计的基本理论、基本方法和基本技能。内容上力求观点正确，概念清楚；形式上力求生动活泼，图文并茂。在基本理论指导下，培养学生的动手能力，使学生既知其然，也知其所以然。

　　党的二十大指出，要健全现代预算制度，优化税制结构，完善财政转移支付体系。深化金融体制改革，建设现代中央银行制度，加强和完善现代金融监管，强化金融稳定保障体系，依法将各类金融活动全部纳入监管，守住不发生系统性风险底线。这意味着会计类课程的教学除了要让学生知晓会计基本原理、基本方法、掌握基本会计技能以外，更需要培养学生具有爱国情怀和责任感、勇于担当、诚实守信、遵守财会法纪等职业素养和专业精神。此次改版强调了思政融入，同时紧跟国家财政部门颁发的新法规、新政策的步伐，修订、更新了相应的内容。

　　本教材主要作为职业教育财经商贸类专业会计学基础课程教学用书使用，也可作为在职财会人员的岗位培训教材或自学用书。

　　本教材共 10 章，第 1～6 章由励丹编写和修订，第 7～10 章由蒋永珍编写和修订。全书由励丹担任主编并定稿，蒋永珍任副主编。

　　本教材在编写过程中吸收了国内的一些专家、学者的研究成果，在此一并表示谢意。本书初版由王淑文高级讲师和董惠良教授审定，也向他们表示感谢！

　　由于我们水平有限，书中如有不妥和错误之处，敬请专家、读者批评指正。

编者

2024 年 1 月

目　录

MULU

第一章　总　论　1
第一节　会计的含义　2
第二节　会计的目标和对象　5
第三节　会计的方法　7
第四节　会计工作的组织　9

第二章　会计要素与会计等式　17
第一节　会计要素　18
第二节　会计等式　23

第三章　账户与复式记账　29
第一节　账户　30
第二节　借贷记账法　34
第三节　总分类账户和明细分类账户　43

第四章　借贷记账法在工业企业的运用　51
第一节　资金进入企业的核算　52
第二节　采购过程的核算　54
第三节　生产过程的核算　58
第四节　销售过程的核算　67
第五节　其他主要经济业务的核算　69
第六节　利润形成和利润分配的核算　70
第七节　资金退出企业的核算　75

第五章　会计凭证　77
第一节　会计凭证概述　78
第二节　原始凭证　79
第三节　记账凭证　84
第四节　会计凭证的传递和保管　90

目　录

第六章　登记账簿　95

第一节　账簿概述　96

第二节　账簿的设置和登记　98

第三节　记账规则和错账更正　103

第四节　对账和结账　108

第五节　账簿的启用、更换和保管　111

第七章　财产清查　113

第一节　财产清查概述　114

第二节　财产物资的盘存制度　116

第三节　财产清查的方法　117

第四节　财产清查结果的账务处理　122

第八章　财务会计报告　127

第一节　财务会计报告概述　128

第二节　资产负债表　130

第三节　利润表　135

第九章　会计处理程序　139

第一节　会计处理程序概述　140

第二节　记账凭证会计处理程序　141

第三节　科目汇总表会计处理程序　148

第十章　会计假设和会计信息质量要求　153

第一节　会计假设　154

第二节　会计信息的质量要求　156

主要参考文献　161

附录一　《中华人民共和国会计法》　162

附录二　《会计基础工作规范》　166

第一章 总 论

本章作为全书的导论,介绍了会计的基本概念、基础知识和基本方法。通过本章的学习,我们应了解会计的概念、职能,简要了解其发展的历史过程;明确会计工作的目标和对象;知晓会计核算方法的种类;了解会计机构、会计人员和会计规范的相关知识。

第一节　会计的含义

一、会计的概念

会计是以货币为主要计量尺度,采用专门的方法和一定的程序,核算和监督企业和行政、事业单位能用货币表现的经济活动的过程和结果,并在此基础上进行评价、预测、决策,以求得最佳经济效益的一种管理活动。

二、会计的职能

会计的职能是指会计在经济管理中所具有的功能。我们将会计职能分为基本职能和拓展职能。

(一)基本职能

会计有两大基本职能,即会计核算和会计监督。

1. 会计的核算职能

会计的核算职能也称反映职能,是指以货币为计量尺度,运用专门的方法,通过确认、计量、记录和报告,从价值量上反映各单位已经发生或者已经完成的各项经济活动,为经营管理提供信息的功能。

(1)会计核算的内容

① 款项和有价证券的收付;

② 实物的收发、增减和使用;

③ 债权债务的发生和结算;

④ 资本、基金的增减;

⑤ 收入、支出、费用、成本的计算;

⑥ 财务成果的计算和处理;

⑦ 需要办理会计手续,进行会计核算的其他事项。

(2)会计核算职能的特点:

① **以货币作为主要计量尺度**。在各单位,凡能用货币来表现的经济活动,都要通过会计进行核算和管理。会计从价值量和数量上记录和计算各单位日常发生的各种经济活动,一般采用货币量度、实物量度和劳动量度三种计量尺度,其中以货币量度为主要计量尺度,实物量度和劳动量度为辅助计量尺度。实物量度(如:箱、吨、米等)主要用于提供经营管理上所需要的实物指标。劳动量度(如:工作小时、工作日等)主要用于确定某一生产经营过程中的劳动消耗。会计对已经用实物量度和劳动量度记录计算的经济活动,还必须运用货币量度加以综合反映。只有使用统一的货币量度,才能取得经营管理上所必需的各种综合核算资料,全面地说明各单位纷繁复杂的经济活动过程和结果。

② **以真实、合法的原始凭证为核算依据**。原始凭证是各单位发生的各项经济业务(也称会计事项)已经执行或完成的具有法律效力的书面证明。会计核算必须严格依据审核无误的合法原始凭证进行,以保证核算资料的真实性和合法性。

③ **对经济业务进行连续、系统、全面地记录和计算**。只有连续、系统、全面地进行会计核

算,才能系统、完整地反映各单位的经济活动过程和结果。连续是指在会计核算中应按经济业务发生的时间顺序不间断地进行记录;系统是指要在对会计对象进行科学分类的基础上,对经济业务进行相互联系的记录和加工整理;全面是指对所有能用货币计量的经济业务都必须加以记录,不允许有遗漏。

2. 会计的监督职能

会计的监督职能也称控制职能,是指通过各单位的内部约束机制,利用会计核算资料控制和规范各项经济活动的运行,以保证会计目标顺利实现的功能。各单位对经济活动进行会计核算的过程,也是实行会计监督的过程。

会计监督的内容主要包括:

① 审核和监督原始凭证的填制及使用情况;

② 制止和纠正伪造、变造、故意毁灭会计账簿或账外设账的行为;

③ 监督实物、款项建立并严格执行财产清查制度;

④ 制止和纠正指使、强令编造、篡改财务报告的行为;

⑤ 监督财务收支的情况;

⑥ 制止和纠正违反单位内部会计管理制度的经济活动;

⑦ 监督单位制定的预算、财务计划、经济计划、业务计划的执行情况等。

会计监督包括合法性监督、合理性监督和有效性监督三个方面。合法性监督要求会计监督各单位的各项经济活动必须遵守国家财政、财务制度和财经纪律,监督会计核算反映的会计信息的真实性和完整性。合理性监督要求会计监督各单位的各项经济活动是否遵守本单位的各项财务预算和规定。有效性监督要求会计监督各单位的各项经济活动必须是为完成本单位目标而开展的有回报的经济活动。

会计监督按其与经济活动过程的关系,可分为事前监督、事中监督和事后监督。

事前监督是指在经济活动过程之前对原始凭证、计划、合同等的合法性、合理性和有效性所作的审查。

事中监督是指在经济活动过程中对计划、预算执行等所作的控制。

事后监督是指在经济活动过程之后对会计资料进行的分析检查。

3. 会计核算与会计监督的关系

会计通过核算为管理者提供经济信息,又通过监督直接履行管理职能,两者相辅相成,辩证统一。会计核算是会计监督的前提,如果没有真实、系统、完整的核算资料,会计监督就缺乏客观依据,成为无本之源;而会计监督是会计核算资料合法性、真实性和完整性的质量保障。

(二) 拓展职能

随着社会生产力的发展,经济活动越来越复杂,会计的职能也在不断扩充和延伸,主要有预测经济前景、参与经济决策、评价经营业绩等拓展职能。

会计的预测职能是指为了达到指导和调节经济活动,提高经济效益的目标,利用会计所掌握的经济信息,定量、定性地判断和推测经济活动的发展变化规律的职能。

会计的决策职能是指采取定量分析和定性分析的方法,围绕经营目标,对会计预测的信息资料进行分析、对比、选优,为领导层进行决策提供依据的职能。

会计的评价职能是指利用会计核算所提供的财务状况、经营成果和现金流量等信息对各单位一定经营期间的经营业绩进行分析并作出综合评价的职能。

三、会计的产生和发展

会计的产生是与人类社会生产实践以及经济管理的客观需要密切相关的。人类要生存，就需要消费一定的生活资料，为此必须从事生产活动。生产活动一方面创造物质财富，另一方面则要发生劳动耗费。不论在哪种社会形态下，人们总是关心自己的劳动成果，并力求以尽可能少的劳动耗费来换取较多的劳动成果。为了达到有效生产的目的，就必须采用一定的方法对生产活动进行组织、管理，以掌握有关人、财、物的数量资料及利用情况，掌握通过生产过程所取得的劳动成果的资料。这就在客观上要求有与此相关的数据记录和计算工作。

在人类社会发展的初期，社会生产力低下，人们的生产活动也简单，只要凭头脑记忆就可以记事和计算。随着生产力的发展，人们生产的物质资料除维持生存外逐步有了剩余，同时，社会分工引起了交换行为。随着生产、分配、交换活动日趋复杂，那种单凭头脑记忆的方法已不能适应生产力的发展，于是就产生了"简单刻记""结绳记事"等会计的萌芽。

萌芽状态的会计，是生产者本身劳动的一部分，它作为"生产职能的附带部分"[①]，只是"生产时间之外附带地把收支、支付等等记载下来"[②]。由于生产的发展，生产过程日趋复杂，对生产管理的要求也不断提高，会计才"从生产职能中分离出来，成为特殊的、专门委托当事人的独立的职能"[③]。随着商品货币经济的出现，生产规模不断扩大和生产日益社会化，会计经历了一个由简单到复杂、从不完善到逐渐完善的漫长发展过程。

据我国史料记载，"会计"一词起源于西周时代。《孟子正义》一书中有这样的解释："零星算之为计，总合算之为会"。两千年前的西汉时代，名为"簿书"和"计簿"的简册就开始出现了，用以登记会计事项。"簿书"实际上是我国会计账簿的雏形，"计簿"则是我国会计报表的早期形态。唐宋时期，我国会计方法有了新的发展。特别是一千年前的宋朝初期，在会计方法上出现了"四柱清册"，亦称"四柱结算法"。所谓"四柱"，即"旧管""新收""开除""实在"，其含义分别相当于现代会计中的"期初结存""本期收入""本期支出""期末结存"。"四柱"之间的关系可用一个平衡公式表示："旧管＋新收－开除＝实在"。通过这个平衡公式，既可检查日常记录的正确性，又可分类汇总日常会计记录，使之起到系统、全面和综合的反映作用。"四柱清册"的创建和运用，为我国传统的记账方法奠定了理论基础。

明末清初，随着手工业和商业的发展，我国商人在"四柱结算法"的基础上设计了"龙门账"，把全部账目分为"进""缴""存""该"，进行分类记录，以后又进一步设计了"四脚账"，亦称"天地合"。这种账要求对每一笔经济业务既要登记"来账"，又要登记"去账"，以全面反映对同一账项的来龙去脉，这些都是对复式记账原理的重大贡献。

会计在国外也有着悠久的历史。早在12世纪到15世纪，意大利就产生了科学的复式记账法。1494年意大利的一位数学家卢卡·帕乔利(Luca Pacioli)在《算术、几何与比例概要》一书中对复式借贷记账法作了系统的介绍，为其在全世界的广泛流传奠定了基础。会计逐步发展成为一门独立的学科。18世纪中期到19世纪的产业革命给当时资本主义国家的生产力带来了巨大的影响。随着企业规模的不断扩大，股份公司这一新的经济组织形式随之出现，企业的管理权和所有权分离了，企业主希望外部的会计师能来检查他们雇用的管理人员，特别是会计人员的工作情况，于是出现了以查账为职业的独立会计师(注册会计师)，这样就形成了两种会计职业，即为一定会计主体服务的单位会计和为社会公众服务的注册会

①②③：参见《马克思恩格斯全集》第24卷，人民出版社1972年版，第151页。

计。从此,会计的职能扩大了,会计的内容发展了。

从19世纪50年代至20世纪50年代的百年间,会计无论在理论方面,还是在方法和技术方面都有很大的发展。比如从会计凭证、账簿到会计报表的会计循环理论的形成,货币计价、成本计算等理论方法的出现,公认会计原则的制定和实施,等等。第二次世界大战以后,由于科学和技术突飞猛进,知识迭代更新,促使会计的理论方法和技术得到进一步的飞升;电子计算机在会计领域的运用,使得会计工作、会计方法发生了重大变化。20世纪四五十年代,西方企业会计把传统的会计分离成为"财务会计"和"管理会计",使会计从传统的事后记账、算账、报账,向事前预测、控制和参与决策转化;随着国际性经济交往的广泛开展,会计超越了国家界限,成为"国际通行的商业语言",现代会计出现了前所未有的繁荣。

20世纪初期,借贷记账法传入我国,随后英美的会计制度也被引进,这对改革中式簿记、推行现代会计、促进我国会计事业的发展起到了一定的作用,这是我国会计史上的第一次变革。中华人民共和国成立后,我国实行了高度集中的计划经济体制,引进了与此相适应的苏联会计模式。苏联会计模式的引入是对原有的会计理论、制度、方法的又一次变革,这是我国会计史上的第二次大变革。20世纪80年代初,我国开始了会计史上的第三次变革,其里程碑式的标志是1992年《企业会计准则》的制定和实施,这使我国会计突破了原有的模式,初步建立了反映社会主义市场经济的会计模式,并逐步向国际会计惯例靠拢。

进入21世纪后,在会计改革与发展方面,坚持党的领导,主动适应我国经济社会发展客观需要,不断完善会计、审计的标准、法规。会计电算化加快普及,专业会计软件企业的出现和发展迅速推动了会计电算化的发展;企业资源计划管理系统(ERP)等大型管理型会计软件系统的成功,使会计电算化正在逐步成为企业管理现代化的重要方面。会计人员素质得到全面提升,会计的法治化、数字化进程取得实质性成果,会计基础性服务功能得到充分发挥。而未来会计也必将随着社会法制的日趋完善、经济的全球化以及信息化的普及,向着法制化、国际化和智能化发展,同时也进一步推动着经济的发展。

第二节 会计的目标和对象

一、会计的目标

(一) 会计的目标

会计的目标即会计工作所要达到的最终目的。它决定了会计活动过程的发展方向和方式,同时也决定了会计信息的内容和质量,是会计工作的出发点和目的地。

由于会计是经济管理的重要组成部分,因此,会计的目标要服从于经济管理的目标。在社会主义市场经济条件下,经济管理的总目标是提高经济效益,因此,会计的目标就是提高经济效益。

(二) 会计核算的目标

会计核算是会计工作的基础。我国颁布的《企业会计准则》对会计核算的目标作了明确的规定:会计提供的信息应当符合国家宏观经济管理的要求;满足有关各方了解企业财务状况和经营成果的需要;满足企业加强内部经营管理的需要。会计核算的目标实质上是对会

基础会计(第六版)

计信息的内容和质量提出要求。这里可分为三个层次，即会计信息首先应满足国家宏观调控的需要；其次应满足投资者进行决策的需要；再次应满足企业自身经营管理的需要。不同性质、不同规模的企业，对会计核算的要求是不同的。

小知识 1-1

经济效益是指生产经营活动中投入和产出比较的结果。提高经济效益，就是在投入价值量一定的情况下，尽量争取收回更多的价值量，或者在收回价值量一定的情况下，尽量减少投入的价值量。

二、会计的对象

（一）会计对象概述

会计的对象是指会计核算和监督的具体内容，即会计概念中所指的"企业和行政、事业单位能用货币表现的经济活动的过程和结果"。

在社会再生产过程中，企业和行政、事业单位为了进行生产经营活动和完成国家赋予的任务，必须拥有和控制一定数量的财产物资，作为完成各项任务的物质基础。对企业来说，这些财产物资，可以由国家投资、法人单位投资、外商投资或个人投资取得，也可以通过向银行借款或发行债券取得。而行政、事业单位则主要通过国家预算拨款方式取得。这些财产物资的货币表现及货币本身，在会计上称为资金。资金随着企业和行政、事业单位各项经济活动的开展不断发生增减变化，形成资金运动。因此也可以说，会计的对象是企业和行政、事业单位的资金及资金运动过程和结果。

小知识 1-2

再生产是指不断重复进行的社会生产过程。再生产包括四个环节：生产、交换、分配和消费。任何社会都不能停止生产和消费，因此社会的生产必然是连续不断的再生产过程。

（二）工业企业的资金运动

工业企业的资金运动包括资金进入企业、资金在企业内部周转和资金退出企业三大部分。

1. **资金进入企业**

资金进入企业是指企业通过接受投资或借入资金，从投资者或债权人处取得资金的过程。这时的资金主要表现为货币形态，也可以表现为实物形态。

2. **资金在企业内部周转**

资金在企业内部周转主要体现在生产经营活动的三个过程中，即采购过程、生产过程和销售过程。在采购过程中，企业用货币购入为生产产品而储备的材料，发生材料采购费用，形成材料采购成本，使部分的货币资金转化为储备资金。在生产过程中，企业因为生产产品耗用材料、支付人工等各种费用，发生房屋、设备等固定资产的折旧及其他生产费用，形成产品的生产成本,使部分储备资金、货币资金转化为生产资金;随着产品的完工入库,生产资金又转化为成品资金。在销售过程中,企业销售产品,收回货款,成品资金又转化为货币资金,同时以货币资金支付一定的销售费用和销售税金。

工业企业的资金随着采购、生产和销售三个过程的进行,从货币资金开始,依次转化为储备资金、生产资金、成品资金,最后回到货币资金形态,这一转化过程称为资金循环。资金循环周而复始地进行,称为资金周转。

3. 资金退出企业

资金退出企业是指在资金周转过程中,由于种种原因,有一部分资金退出企业,如:缴纳税金、分配给投资者利润和归还银行借款等。

工业企业的资金运动过程如图 1-1 所示。

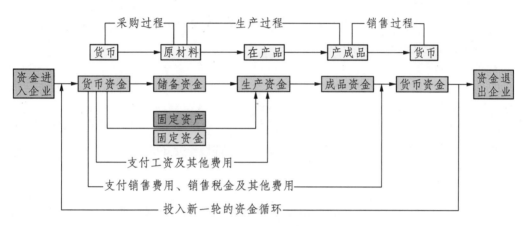

图 1-1 工业企业的资金运动

小思考 1-1

什么是资金运动? 通过资料搜集,查找并叙述商业企业资金运动形式的相关内容。

第三节　会计的方法

一、会计方法概述

会计的方法是指用来核算和监督会计对象,执行会计职能和实现会计目标的技术手段,是会计工作中所运用的一套专门方法。随着社会经济的发展和会计工作经验的积累,会计的方法不断发展、完善,逐渐形成了一个比较科学和完整的方法体系。

广义的会计方法包括会计核算方法、会计分析方法、会计检查方法、会计预测方法和会计决策方法等。由于会计核算是会计的基本环节,所以狭义的会计方法通常就指会计核算方法。

基础会计(第六版)

二、会计核算方法

会计核算方法是指对各单位经济活动进行连续、系统、全面的核算和监督所应用的一套专门方法。会计核算的专门方法包括：设置账户、复式记账、填制和审核凭证、登记账簿、成本计算、财产清查和编制财务会计报告等。

1. 设置账户

设置账户是指通过账户对各单位经济活动的具体内容进行分类核算和监督的专门方法。

2. 复式记账

复式记账是指对每一会计事项必须以相等的金额，同时在两个或两个以上相互联系的账户中进行登记的专门方法。

3. 填制和审核凭证

填制和审核凭证是指通过对凭证这一书面依据的填制和审核来连续核算和监督每一项经济活动和财务收支的专门方法。

4. 登记账簿

登记账簿是指根据审核无误的会计凭证，在账簿上连续、系统、全面地记录和反映会计事项的专门方法。

5. 成本计算

成本计算是指计算与经营过程有关的全部费用，并按一定的对象进行归集，以确定各对象的总成本和单位成本的专门方法。

6. 财产清查

财产清查是指通过对实物的盘点和账项的核对来查明单位财产的实有数额，做到账实相符的专门方法。

7. 编制财务会计报告

编制财务会计报告是指根据账簿记录，以报表形式为主，综合反映各单位在一定会计期间经济活动过程和结果的专门方法。

三、各种会计核算方法之间的关系

会计核算的七种方法是一个相互联系、相互配合的完整的方法体系。各单位每发生一笔会计事项，首先要填制和审核凭证，然后再按规定的账户，采用复式记账的方法登记账簿；期末根据账簿的记录进行成本计算、财产清查，在账实相符的基础上编制财务会计报告。会计核算方法及其相互联系运用的情况如图 1-2 所示。

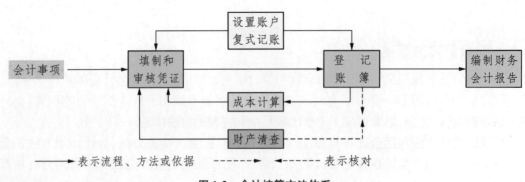

图 1-2 会计核算方法体系

从图1-2中可以看到,在会计核算方法体系中,填制凭证、登记账簿、编制财务会计报告是三个主要环节,而其他四种专门方法则紧密地穿插在三个环节之中,从而组成一个相互联系的、完整的会计核算方法体系。"会计凭证→会计账簿→会计报表"构成一个会计循环,它是会计核算方法的一个基本模式。

第四节　会计工作的组织

会计工作的组织包括会计机构的设置、会计人员的配备以及会计规范的制定和执行。正确地组织会计工作是充分发挥会计作用的重要前提。

一、会计机构

会计机构是指专门从事和组织领导会计工作的职能部门。建立和健全会计机构,是保证各单位会计工作顺利进行的重要条件。

(一)会计机构的设置

各单位应根据会计业务的需要设置会计机构,不具备单独设置会计机构条件的,应当在有关机构中配备专职会计人员。会计机构的设置分为以下三种情况:

1. 设置会计机构

在一般情况下,各单位要科学、合理地组织会计工作,都应当设置会计机构,如:独立核算的大中型企业,会计业务较多的行政、事业单位等。

2. 设置专职会计人员

一些业务规模小、业务量少的企业,以及会计业务较少的行政、事业单位,可以不设置专门的会计机构,而将会计业务并入其他职能部门,但应当配备专职会计人员,以明确责任。

3. 委托代理记账

一些不具备设置会计机构和会计专职人员条件的小型经济组织,如:个体工商户等,应委托经批准设立从事会计代理记账业务的中介机构进行代理记账。代理记账的中介机构一般是指会计师事务所、财务管理咨询机构等。

由于会计工作和财务工作都是综合性的经济管理工作,两者关系十分密切,在实际工作中通常合并设置一个财务会计机构。各级主管部门通常设置财务(会计)司、局、处等,这些会计机构主要负责组织、领导和监督所属各单位的会计工作。基层单位通常设置财务(会计)处、科、股、组等,这些会计机构主要从事本单位的会计工作。

(二)会计工作岗位的设置

1. 设置会计工作岗位

各单位应当根据会计业务的需要设置会计工作岗位。会计工作岗位一般可以分为:会计机构负责人或会计主管人员、出纳、财产物资核算、工资核算、成本费用核算、经营成果核算、资金核算、往来核算、总账报表、稽核、会计档案等。开展会计电算化和管理会计的单位,可以根据需要设置相应的工作岗位,也可以与其他工作岗位相结合。

2. 分离不相容职务

会计工作岗位,可以设置一人一岗、一人多岗或一岗多人。但在明确分工时,要对不相容职务进行分离。所谓不相容职务是指那些如果由一人担任,既可能弄虚作假,又能够自己掩盖其错弊的职务。《会计法》规定,出纳人员不得兼任稽核、会计档案保管和收入、费用以及债权债务账目的登记工作。

3. 轮换会计工作岗位

会计人员的工作岗位应该有计划地定期进行轮换。通过定期轮换,一方面可以发现和纠正某项职务的承担人发生的错弊,促使每个岗位的会计人员认真履行自己的职责;另一方面也可以促进会计人员全面熟悉会计业务,提高业务能力和素质。

二、会计人员

根据《中华人民共和国会计法》的规定,会计人员是指在国家机关、社会团体、企业、事业单位和其他组织(以下统称单位)中从事会计核算、实行会计监督等会计工作的人员。

会计人员包括从事下列具体会计工作的人员:出纳、稽核、资产、负债和所有者权益(净资产)的核算、收入、费用(支出)的核算、财务成果(政府预算执行结果)的核算、财务会计报告(决算报告)编制、会计监督、会计机构内会计档案管理、其他会计工作。担任单位会计机构负责人(会计主管人员)、总会计师的人员,属于会计人员。合理配备会计人员是提高会计工作效率和信息质量的重要保证。

(一) 会计人员的从业要求

会计人员从事会计工作,应当符合下列要求:

① 遵守《中华人民共和国会计法》和国家统一的会计制度等法律法规;

② 具备良好的职业道德;

③ 按照国家有关规定参加继续教育;

④ 具备从事会计工作所需要的专业能力。

小知识 1-3

2017年12月财政部颁布了废止《会计从业资格管理办法》等多部规章及规范性文件。会计岗位就业已无需会计上岗证。

(二) 会计人员的专业职务

会计专业职务,由各单位根据会计工作需要,在规定的限额和批准的编制内设置。会计专业职务有高级会计师、会计师、助理会计师和会计员。高级会计师为高级职务,会计师为中级职务,助理会计师和会计员为初级职务。聘任各级会计专业职务的条件包括政治素质、相应的学历、从事会计工作的年限、政策水平、学识水平和工作能力等。目前,国家每年定期对初、中级技术职务资格进行全国统一考试,确认任职资格。高级技术职务资格自2003年起实行考试与评审相结合试点,经考试合格后才能参加评审。

(三) 会计人员的职责权限

国务院于 1978 年 9 月颁发了《会计人员职权条例》,对会计人员的职责和权限作了明确的规定。

1. 会计人员的职责

会计人员的职责主要有以下三个方面:

(1) 做好会计基础工作,如实反映情况　会计人员要如实反映经济活动情况和经营成果(或预算执行结果),做到手续完备、内容真实、数据准确、账目清楚、日清月结,及时编制会计报表并按期上报。还必须妥善保管会计凭证、账簿和报表等档案资料。

(2) 贯彻执行和维护国家财经方针、政策和纪律　会计人员必须按照国家的有关规定,切实认真做好各项会计工作,保证及时、足额缴纳税金,贯彻执行和维护国家财经方针、政策和纪律。

(3) 参与经营管理,讲求经济效益　会计人员要按照经济责任制的原则,分解各项指标,落实管理责任;要深入车间、部门了解生产经营或预算执行的实际情况,挖掘增产节约(或增收节支)的潜力;要考核资金的使用效果,揭露经营管理中的问题,运用各种会计手段对本单位的经济效益进行预测,并参与经营决策。

2. 会计人员的权限

会计人员要履行自己的职责,需要有一定的权限。根据规定,国家赋予会计人员的工作权限主要为:

有权要求本单位有关部门、人员认真遵守国家的财经纪律和财务会计制度。如有违反,会计人员有权拒付付款、拒绝报销或拒绝执行,并向本单位领导人报告。对于弄虚作假、营私舞弊、欺骗上级等违法乱纪行为,会计人员必须坚决拒绝执行,并向本单位领导人或上级机关、财政部门报告。

有权参与本单位编制计划,制订定额,签订经济合同等工作,并参加有关生产经营管理的会议。有权提出有关财务开支和经济效益方面的问题和意见。

有权监督、检查本单位有关部门的财务收支、资金使用和财产保管、收入、计量、检验等情况。

(四) 会计职业道德

会计职业道德是指会计人员在会计工作中应当遵循、体现会计职业特征的职业行为准则和规范。会计人员职业道德规范(摘自《会计人员职业道德规范》　财政部财会〔2023〕1 号文件)如下:

1. 坚持诚信,守法奉公

牢固树立诚信理念,以诚立身、以信立业,严于律己、心存敬畏。学法知法守法,公私分明、克己奉公,树立良好职业形象,维护会计行业声誉。

2. 坚持准则,守责敬业

严格执行准则制度,保证会计信息真实完整。勤勉尽责、爱岗敬业,忠于职守、敢于斗争,自觉抵制会计造假行为,维护国家财经纪律和经济秩序。

3. 坚持学习,守正创新

始终秉持专业精神,勤于学习、锐意进取,持续提升会计专业能力。不断适应新形势新要求,与时俱进、开拓创新,努力推动会计事业高质量发展。

三、会计工作规范

会计法规是会计法律、条例、规章及制度的总称,它是制约会计行为的标准,也是对会计工作评价的依据。我国现行的会计法规主要有会计法、企业财务会计报告条例、会计准则、会计制度、会计基础工作规范、企业会计信息化工作规范和会计档案管理办法等。

(一)会计法

《中华人民共和国会计法》(以下简称《会计法》)是会计工作的根本大法,是制定各项会计法规、会计准则和会计制度的依据。

《会计法》于 1985 年 1 月 21 日第一次颁布并施行,1993 年 12 月第一次修正,1999 年 10 月再次修正,并于 2000 年 7 月 1 日起施行。现行的《会计法》分 7 章,共 52 条,主要就会计管理体制、会计核算、会计监督、会计机构和会计人员及法律责任等方面作出了明确规定,同时还明确了《会计法》的立法宗旨和适用范围等。《会计法》是一项重要的经济立法,是保证会计信息真实、完整,杜绝虚假会计信息的可靠保证。

(二)企业财务会计报告条例

根据《会计法》制定的《企业财务会计报告条例》(以下简称《报告条例》),为规范企业财务会计报告,特别是为上市公司信息的规范披露提供了明确的技术标准。

《报告条例》于 2000 年 6 月由国务院公布,2001 年 1 月 1 日起施行。《报告条例》分 6 章,共 46 条,分别对企业财务会计报告的含义及一般规定、财务会计报告的构成、财务会计报告的编制、财务会计报告的对外提供和有关法律责任作出了说明,要求各有关单位在对外提供财务会计报告时参照执行。

(三)会计准则

会计准则是指会计人员从事会计活动所应遵循的规范和标准,也是对会计工作进行评价的标准。

1. 企业会计准则

2006 年 2 月,财政部在中国会计审计准则体系发布会上正式发布了 39 项企业会计准则,这一准则体系由 1 项基本会计准则和 38 项具体会计准则组成,于 2007 年 1 月 1 日起实施。

为适应社会主义市场经济发展,进一步完善我国企业会计准则体系,提高财务报表列报质量和会计信息透明度,保持我国企业会计准则与国际财务报告准则的持续趋同,2012 年起,财政部对《企业会计准则》启动了大规模的修订工作,包括修订或新增了多项会计准则和准则解释。2014 年 7 月 23 日国家财政部对《企业会计准则——基本准则》做了修订。

2. 小企业会计准则

《小企业会计准则》于 2011 年 10 月 18 日由中华人民共和国财政部以财会〔2011〕17 号

文印发,该准则分总则、资产、负债、所有者权益、收入、费用、利润及利润分配、外币业务、财务报表、附则,共 10 章 90 条,自 2013 年 1 月 1 日起施行。

小企业是相对于大企业而言的概念。小企业一般是指规模较小或处于创业和成长阶段的企业,包括规模在规定标准以下的法人企业和自然人企业。

(四) 会计制度及相关法规、文件

会计制度是指根据会计法和会计准则所制定的会计工作的具体规章、方法和程序等。会计制度主要包括总说明、会计科目和会计报表,并附有主要会计事项分录举例,是各单位实施会计核算的主要依据之一。

国家财政部于 2000 年 12 月正式发布了《企业会计制度》,并于 2001 年 1 月 1 日起先在股份有限公司范围内实施。2003 年 1 月 1 日起,除小企业和金融企业以外,新设立的企业均执行《企业会计制度》。于 2004 年发布了《小企业会计制度》(财会〔2004〕2 号),但在 2011 年 10 月出台《小企业会计准则》(财会〔2011〕17 号)后即予以废止。

为适应社会发展的需要,规范会计工作,多年来财政部陆续颁布和修订了金融企业会计制度、事业单位会计制度、行政单位会计制度、民间非营利组织会计制度和财政总会计制度等。

四、会计档案

会计档案是指单位在进行会计核算等过程中接收或形成的,记录和反映单位经济业务事项的,具有保存价值的文字、图表等各种形式的会计资料,包括通过计算机等电子设备形成、传输和存储的电子会计档案。会计档案是国家档案的重要组成部分,也是各单位重要的经济档案。会计档案作为各单位经济活动的历史记录,它是分析过去、控制现在、规划未来的主要资料,也是日后查考各种经济问题的重要证据。因此,各单位应当加强会计档案管理工作,建立和完善会计档案的收集、整理、保管、利用和鉴定销毁等管理制度,采取可靠的安全防护技术和措施,保证会计档案的真实、完整、可用、安全。下列会计资料都应当进行归档:

① 会计凭证,包括原始凭证、记账凭证。

② 会计账簿,包括总账、明细账、日记账、固定资产卡片及其他辅助性账簿。

③ 财务会计报告,包括月度、季度、半年度、年度财务会计报告。

④ 其他会计资料,包括银行存款余额调节表、银行对账单、纳税申报表、会计档案移交清册、会计档案保管清册、会计档案销毁清册、会计档案鉴定意见书及其他具有保存价值的会计资料。

(一) 会计档案的保管

各单位对于每年发生的会计凭证、会计账簿和财务会计报告等会计资料,应由财会部门按要求归档,并负责整理立卷或装订成册。当年的会计档案可暂时由财会部门保管,一年之后,应编造清册移交档案部门专门保管。同时单位可以利用计算机、网络通信等信息技术手段管理会计档案。

同时满足下列条件的,单位内部形成的属于归档范围的电子会计资料可仅以电子形式保存,形成电子会计档案:

① 形成的电子会计资料来源真实有效,由计算机等电子设备形成和传输。

② 使用的会计核算系统能够准确、完整、有效地接收和读取电子会计资料,能够输出符合国家标准归档格式的会计凭证、会计账簿、财务会计报表等会计资料,设定有经办、审核、

审批等必要的审签程序。

③ 使用的电子档案管理系统能够有效接收、管理、利用电子会计档案,符合电子档案的长期保管要求,并建立了电子会计档案与相关联的其他纸质会计档案的检索关系。

④ 采取有效措施,防止电子会计档案被篡改。

⑤ 建立电子会计档案备份制度,能够有效防范自然灾害、意外事故和人为破坏的影响。

⑥ 形成的电子会计资料不属于具有永久保存价值或者其他重要保存价值的会计档案。

根据国家档案管理的有关规定,会计档案的保存期限分为定期保存和永久保存两类。定期保存的期限分为10年和30年两种。永久保存会计档案主要是年度财务会计报告和会计档案管理清册等。

(二) 会计档案的调阅和移交

当年形成的会计档案,在会计年度终了后,可由单位会计管理机构临时保管一年,再移交单位档案管理机构保管。因工作需要确需推迟移交的,应当经单位档案管理机构同意。

单位会计管理机构临时保管会计档案最长不超过三年。临时保管期间,会计档案的保管应当符合国家档案管理的有关规定,且出纳人员不得兼管会计档案。

单位会计管理机构在办理会计档案移交时,应当编制会计档案移交清册,并按照国家档案管理的有关规定办理移交手续。

单位保存的会计档案一般不得对外借出。确因工作需要且根据国家有关规定必须借出的,应当严格按照规定办理相关手续。

会计档案借用单位应当妥善保管和利用借入的会计档案,确保借入会计档案的安全、完整,并在规定时间内归还。

单位因撤销、解散、破产或其他原因而终止经营的,在终止或办理注销登记手续之前形成的会计档案,按照国家档案管理的有关规定处置。

(三) 会计档案的销毁

经鉴定可以销毁的会计档案,应当按照以下程序销毁:

① 单位档案管理机构编制会计档案销毁清册,列明拟销毁会计档案的名称、卷号、册数、起止年度、档案编号、应保管期限、已保管期限和销毁时间等内容。

② 单位负责人、档案管理机构负责人、会计管理机构负责人、档案管理机构经办人、会计管理机构经办人在会计档案销毁清册上签署意见。

③ 单位档案管理机构负责组织会计档案销毁工作,并与会计管理机构共同派员监销。监销人在会计档案销毁前,应当按照会计档案销毁清册所列内容进行清点核对;在会计档案销毁后,应当在会计档案销毁清册上签名或盖章。

电子会计档案的销毁还应当符合国家有关电子档案的规定,并由单位档案管理机构、会计管理机构和信息系统管理机构共同派员监销。

小知识 1-5

财政部、国家档案局联合印发的《会计档案管理办法》(财政部 国家档案局令第79号),自2016年1月1日起施行,原《会计档案管理办法》(财会字〔1998〕32号)同时废止。会计档案保管期限具体请见表1-1:

表 1-1

企业和其他组织会计档案保管期限表

序号	档案名称	保管期限	备　注
一	**会计凭证**		
1	原始凭证	30 年	
2	记账凭证	30 年	
二	**会计账簿**		
3	总账	30 年	
4	明细账	30 年	
5	日记账	30 年	
6	固定资产卡片		固定资产报废清理后保管 5 年
7	其他辅助性账簿	30 年	
三	**财务会计报告**		
8	月度、季度、半年度财务会计报告	10 年	
9	年度财务会计报告	永久	
四	**其他会计资料**		
10	银行存款余额调节表	10 年	
11	银行对账单	10 年	
12	纳税申报表	10 年	
13	会计档案移交清册	30 年	
14	会计档案保管清册	永久	
15	会计档案销毁清册	永久	
16	会计档案鉴定意见书	永久	

（四）会计档案的销毁

会计档案保管期满，需要销毁时，应由本单位档案管理部门提出销毁意见，会同财务会计部门严格审查，编造会计档案销毁清册，报经主管部门批准后销毁。

按规定销毁会计档案时，应由档案部门和财务会计部门共同派员监督。各级主管部门销毁会计档案时，还应有同级财政部门、审计部门派员参加监督。监销人在销毁会计档案以前，应当认真地进行清点核对，会计档案销毁后，要在销毁清册上签名盖章，并将监销情况报告本单位负责人。

基础会计（第六版）

第一章　总　论　15

第二章 会计要素与会计等式

【学习目标】

通过本章的学习,理解资产、负债、所有者权益、收入、费用和利润六大会计要素的概念、特征和分类;理解会计等式的不同表现形式和会计事项引起资产和权益增减变化的四种类型。

第一节　会计要素

会计要素即会计对象的要素,是对会计对象进行的基本分类。在此,且以工业企业为例加以说明。我国《企业会计准则——基本准则》将会计要素划分为资产、负债、所有者权益、收入、费用和利润六大项目。这六大会计要素按其反映的经济内容可以划分为两大类,如图2-1所示。

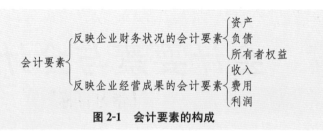

图 2-1　会计要素的构成

一、资产、负债和所有者权益

资产、负债和所有者权益是反映企业财务状况的会计要素。财务状况是指企业某一时点资产、负债和所有者权益分布的状况,其中负债和所有者权益可统称为权益。

(一) 资产

1. 资产的概念

资产是指企业过去的交易或事项形成、由企业拥有或者控制的、预期会给企业带来经济利益的资源。一个企业从事生产经营活动,必须具备一定的物质资源。在市场经济条件下,这些物质资源表现为货币资金、原材料、机器设备、厂房场地等,统称为资产,是企业从事生产经营活动的物质基础。资产可以是货币性的,也可以是非货币性的;可以是有形的,也可以是无形的。

2. 资产的特征

资产具有以下特征:

第一,资产是企业在过去发生的会计事项中获得的;

第二,资产是为企业所拥有的,或者即使不为企业所拥有,但也是企业所能支配使用的;

第三,资产预期能够给企业带来经济利益。

3. 资产的分类

企业的资产按照流动性和管理的需要,可分为流动资产和非流动资产。

(1) **流动资产**　流动资产是指预计在一个正常营业周期内变现、出售或耗用,或为交易目的而持有的资产等,流动资产主要包括货币资金、交易性金融资产、应收债权和存货等。

货币资金是指库存现金及存放在银行及其他金融机构的款项等。

交易性金融资产是指能够随时变现,持有时间不超过一年(含一年)的有价证券和不超过一年的其他金融投资,如:企业以赚取差价为目的而持有的股票、债券和基金等。

应收债权是指应向相关债务人收回的各项权利,如:应收账款、预付账款等。

存货是指在生产经营过程中为销售或耗用而储存的各种实物资产,如:原材料、库存商品、产成品和在产品等。

(2) **非流动资产** 非流动资产是指除流动资产以外的其他资产,包括长期投资、固定资产、无形资产和其他资产等。

长期投资是指企业可供出售具有金融资产性质、持有至到期性质或长期股权性质的投资,包括持有至到期投资、可供出售金融资产、长期股权投资和投资性房地产等。

固定资产是指为生产商品、提供劳务、出租或经营管理而持有的,使用时间较长、单位价值较高,在使用过程中基本保持其原有实物形态的资产,如:房屋、建筑物、机器设备、运输设备等。

无形资产是指企业持有的,没有实物形态的非货币性长期资产,如:专利权和非专利技术以及商标权等。

其他资产是指除上述各项资产以外的资产,主要包括长期待摊费用和其他长期资产等。

小知识 2-1

➤ 专利权是指发明人对其发明成果提出申请,经国家专利机关审查批准,在一定期限内依法享有的专有权(包括发明专利权、实用新型专利权和外观设计专利权)。

➤ 非专利技术是指先进的、未公开的、未申请专利的,可以带来经济效益的技术及诀窍。非专利技术可以自创,也可外购。

➤ 商标权是指专门在某类指定的商品或产品使用特定名称或图案的权利。商标权可以自创,也可外购。

资产的分类示意如图 2-2 所示。

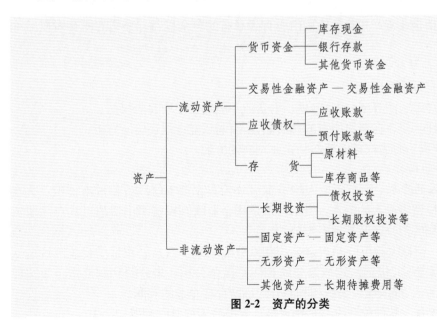

图 2-2 资产的分类

4. 资产的确认条件

符合资产定义的资源,同时满足以下条件才能确认为资产:

一是与该项目有关的经济利益很可能流入企业;

二是该项目的成本或价值能够可靠地计量。

(二) 负债

1. 负债的概念

负债是指过去的交易、事项形成的现时义务,履行该义务预期会导致经济利益流出企业。

2. 负债的特征

负债具有以下特征:

第一,负债是企业过去的交易、事项形成的现时存在的偿债义务;

第二,义务包括法定义务和推定业务;

第三,履行偿债义务会导致经济利益流出企业。

3. 负债的分类

企业的负债按其偿还期的长短,可分为流动负债和非流动负债。

(1) 流动负债 流动负债是指将在一年(含一年)或超过一年的一个营业周期内偿还的债务,包括短期借款、应付账款、应付职工薪酬、应交税费等。

(2) 非流动负债 非流动负债是指偿还期在一年或超过一年的一个营业周期以上的债务,包括长期借款、应付债券、长期应付款等。

4. 负债的确认条件

符合负债定义的业务,必须同时满足以下条件才能确认为负债:

一是与该项目有关的经济利益很可能流出企业;

二是未来经济利益的流出能够可靠地计量。

(三) 所有者权益

1. 所有者权益的概念

所有者权益是指企业资产扣除负债后由所有者享有的剩余权益。公司的所有者权益称为股东权益。

2. 所有者权益的特征

所有者权益具有以下特征:

第一,除非发生减资、清算或分派现金股利,企业不需要偿还所有者权益;

第二,企业清算时,只有在清算所有的负债后,所有者权益才返还给所有者;

第三,所有者凭借所有者权益能够参与企业利润的分配。

3. 所有者权益的内容

(1) 所有者投入的资本 所有者投入的资本可分为实收资本(股本)和资本公积。实收资本是指企业接受投资者投入的资本。资本公积是指企业收到投资者出资超过其在注册资本或股本中所占份额的部分以及其他资本公积。

(2) 留存收益 留存收益可分为盈余公积和未分配利润。盈余公积是指企业按规定从净利润中提取的积累资金,包括法定盈余公积和任意盈余公积。未分配利润是指企业实现的净利润经过弥补亏损、提取盈余公积和利润分配后留存在企业的利润。

(3) 其他综合收益 其他综合收益是指直接计入所有者权益的利得和损失。

所有者权益与负债共同构成企业的资金来源,但两者有着本质的区别,不得相互混淆。

4. 所有者权益的确认条件

所有者权益的确认与计量主要依赖于资产和负债的确认与计量。所有者权益在数量上等于企业资产总额扣除债权人权益后的净额。

权益的分类示意如图 2-3 所示。

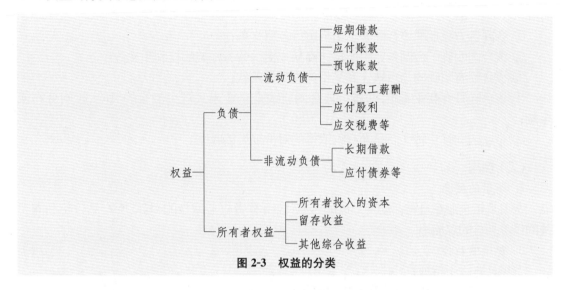

图 2-3　权益的分类

资产、负债和所有者权益是资金运动的静态表现,它们是资金运动在某一时点静止状态的会计要素。资产、负债和所有者权益三要素之间的数学关系为:

$$资产＝负债＋所有者权益$$

二、收入、费用和利润

收入、费用和利润是反映企业经营成果的会计要素。经营成果是指企业在一定时期内从事生产经营活动所取得的财务成果。

(一)收入

1. 收入的概念

收入是指企业在日常活动中所形成的,会导致所有者权益增加的,与所有者投入资本无关的经济利益的总流入。所谓日常活动是指企业为完成其经营目标而从事的经常性活动以及与之相关的活动。

2. 收入的特征

收入具有以下特征:

第一,收入是从企业的各项日常生产经营活动而非偶发事项中取得的收入;

第二,收入是与所有者投入资本无关的经济利益的总流入;

第三,收入会导致企业所有者权益的增加。

3. 收入的分类

企业的收入可分为主营业务收入和其他业务收入。

主营业务收入是指企业为完成其经营目标而从事的日常活动中的主要项目的收入,可根据企业营业执照上规定的主营业务范围确定。如:工业企业的主营业务是生产、销售产品,商品流通企业的主营业务是购销商品等。

其他业务收入是指在主营业务以外的其他日常活动中所取得的收入,如:工业企业销售材料、出租固定资产、转让无形资产使用权等。

4. 收入的确认条件

当企业与客户之间的合同同时满足下列条件时,企业应当在客户取得相关商品控制权时确认收入:

① 合同各方已批准该合同并承诺将履行各自义务;

② 该合同明确了合同各方与所转让商品或提供劳务相关的权利和义务;

③ 该合同有明确的与所转让商品相关的支付条款;

④ 该合同具有商业实质,即履行该合同将改变企业未来现金流量的风险、时间分布或金额;

⑤ 企业因向客户转让商品而有权取得的对价很可能收回。

(二) 费用

1. 费用的概念

费用是指企业在日常活动中形成的,会导致所有者权益减少的,与向所有者分配利润无关的经济利益的总流出。

2. 费用的特征

费用具有以下特征:

第一,费用是在日常经营活动中形成的;

第二,费用是与向所有者分配利润无关的经济利益的总流出;

第三,费用会导致所有者权益的减少。

3. 费用的分类

企业的费用按其与收入的关系,可以分为营业成本和期间费用。营业成本是指企业为销售商品、提供劳务而发生的各种耗费。营业成本按照其销售商品或提供劳务在企业日常活动中所处地位可分为主营业务成本和其他业务成本。期间费用是指在某一会计期间为企业提供一定的生产经营条件,以保持企业正常运营所发生的费用,包括销售费用、管理费用和财务费用。期间费用应当在发生当期直接计入损益。

费用的分类示意如图 2-4 所示。

图 2-4 费用的分类

4. 费用的确认条件

费用的确认除符合费用的定义外,至少应当同时满足以下条件:

① 与费用相关的经济利益应当很可能流出企业;

② 经济利益流出企业的结果会导致资产的减少或者负债的增加;

③ 经济利益的流出额能够可靠地计量。

(三) 利润

1. 利润的概念

利润是指企业一定会计期间的经营成果。利润是根据收入与费用合理配比后确认的。

2. 利润的特征

利润具有以下特征：

第一，利润是收入与费用两个会计要素相配比的结果；

第二，利润最终可导致所有者权益发生变动。

3. 利润的分类

利润按其来源可分为日常活动形成的利润与非日常活动形成的利润。收入减去费用后的净额是企业日常活动取得的利润。直接计入当期损益的利得和损失是非日常活动取得的利润。利得是指由企业非日常活动所形成的、会导致所有者权益增加的、与所有者投入资本无关的经济利益的流入，如：无法支付的应付账款、接受捐赠等。损失是指由企业非日常活动所发生的、会导致所有者权益减少的、与向所有者分配利润无关的经济利益的流出，如：应缴纳的纳税滞纳金、捐赠支出等。

4. 利润的确认条件

利润的确认主要依赖于收入和费用以及利得和损失的确认，其金额的确定也主要取决于收入、费用、利得、损失金额的计量。

利润的分类示意如图 2-5 所示。

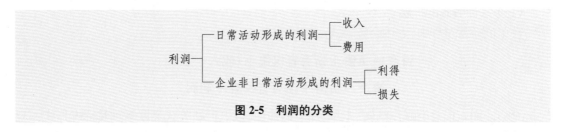

图 2-5 利润的分类

收入、费用和利润是资金运动的动态表现，它们是资金运动在某一时期运动状态的会计要素。收入、费用和利润三要素之间的数学关系为：

$$收入 - 费用 = 利润$$

第二节 会计等式

一、会计等式

会计等式又称会计方程式，是表明各会计要素之间基本关系的恒等式。六个会计要素可分为两组，组成两个会计等式。

(一) 会计等式之一——"资产＝负债＋所有者权益"

单位的资产是通过各种渠道取得的。为单位提供资产的"人"，对企业具有要求权，会计上称这种要求权为权益，单位有多少资产，就有多少相应的权益。在任何情况下资产与权益都保持着数额相等的关系。可用公式表示如下：

$$资产＝权益$$

权益可分为两类：一类是债权人权益，是债权人向单位提供资产，形成了单位债务，会计上把债权人对单位资产的要求权称为负债；另一类是投资人权益，包括投资人的资本金及经营所得，会计上把投资人对单位资产的要求权称为所有者权益。因而上述公式又可表示为：

$$资产＝负债＋所有者权益$$

这一等式是国际通用的会计等式，反映了单位在某一时点上资产、负债和所有者权益要素之间的恒等关系，是会计核算基本方法中复式记账和编制会计报表的理论基础。

（二）会计等式之二——"收入－费用＝利润"

单位的资产投入营运(不考虑非日常活动的情况下)，在一定的会计期间内发生的收入和费用，两者比较，收入大于费用，形成利润；收入小于费用，形成亏损，即负利润。可用公式表示为：

$$收入 － 费用 ＝ 利润$$

这一等式反映了单位在一定会计期间内收入、费用和利润三要素之间的数学关系，是企业编制利润表的理论依据。

（三）会计等式的扩展

在单位经营过程中，上述会计等式可扩展为：

$$资产＝负债＋所有者权益＋(收入 － 费用)$$

或
$$资产＝负债＋所有者权益＋利润$$

至会计期末损益类账户结转"本年利润"账户后，以上扩展等式又恢复到其标准形式：

$$资产＝负债＋所有者权益$$

二、会计事项与会计等式

（一）会计事项

会计事项又称经济业务，是指使单位会计要素发生增减变动的交易或事项。会计事项可分为对外会计事项和内部会计事项。单位与其他单位之间发生的交易或事项为对外会计事项，如：向银行借款、与供货单位结算货款等。不涉及其他单位的会计事项为内部会计事项，如：车间向仓库领用原材料、发放职工工资等。

（二）会计事项对会计等式的影响

单位的会计事项是纷繁复杂的，随着会计事项的不断发生，单位的各项会计要素也会随之发生增减变化。那么，是否会影响"资产＝负债＋所有者权益"这一会计等式的平衡关系呢？答案是否定的。在"资产＝权益"等式下，可将所有的经济业务归纳为四种类型，它们都不会影响会计恒等式的平衡。

【例】一鸣工厂4月末资金总额为500 000元，其资产和权益的分布情况如表2-1所示。5月份发生会计事项如下：

表 2-1

资产	金额(元)	权益	金额(元)
库存现金	1 000	短期借款	70 000
银行存款	87 200	应付账款	50 000
应收账款	36 000	长期借款	80 000
原材料	68 000	实收资本	300 000
生产成本	42 800		
库存商品	65 000		
固定资产	200 000		
资产总额	500 000	权益总额	500 000

1. 资产增加，权益等额增加

【会计事项 1】5 日，收到国家补充投资 200 000 元，存入银行。

这一会计事项使企业的资产项目"银行存款"增加了 200 000 元，同时使企业的权益项目（所有者权益）"实收资本"也增加了 200 000 元。用会计等式表示如下：

$$期初资产 \quad 500\,000 \quad = \quad 期初权益 \quad 500\,000$$
$$\underline{银行存款 + 200\,000} \qquad\qquad \underline{实收资本 + 200\,000}$$
$$700\,000 \qquad\qquad\qquad 700\,000$$

这一会计事项涉及到会计等式的两边，使企业的资产总额和权益总额都由原来的 500 000 元增加到 700 000 元，资产总额和权益总额保持平衡。

2. 资产减少，权益等额减少

【会计事项 2】10 日，以银行存款 60 000 元，归还短期借款。

这一会计事项使企业的资产项目"银行存款"减少了 60 000 元，同时使企业的权益项目（负债）"短期借款"也减少了 60 000 元。用会计等式表示如下：

$$资产 \quad 700\,000 \quad = \quad 权益 \quad 700\,000$$
$$\underline{银行存款 - 60\,000} \qquad\qquad \underline{短期借款 - 60\,000}$$
$$640\,000 \qquad\qquad\qquad 640\,000$$

这一会计事项也涉及到会计等式的两边，使企业的资产总额和权益总额都由原来的 700 000 元减少到 640 000 元，资产总额和权益总额保持平衡。

3. 一项资产增加，另一项资产等额减少

【会计事项 3】17 日，车间因生产产品领用原材料一批，价值 12 000 元。

这一会计事项使企业的资产项目"原材料"减少了 12 000 元，材料投入生产，转化为生产费用，使"生产成本"增加了 12 000 元。用会计等式表示如下：

$$资产 \quad 640\,000 \quad = \quad 权益 \quad 640\,000$$
$$生产成本 + 12\,000$$
$$\underline{原材料 \quad - 12\,000} \qquad\qquad\qquad \underline{}$$
$$640\,000 \qquad\qquad\qquad 640\,000$$

这一会计事项只涉及到会计等式的左边，使企业的两个资产项目以相等的金额一增一减，资产的总额不变。资产总额和权益总额保持平衡，仍为 640 000 元。

4. 一项权益增加，另一项权益等额减少

【会计事项4】22日，借入短期借款80 000元，直接归还已到期的长期借款。

这一会计事项使企业的权益项目（负债）"短期借款"增加80 000元，同时使"长期借款"减少了80 000元。用会计等式表示如下：

$$资产\quad 640\,000\quad=\quad 权益\qquad\qquad 640\,000$$

$$短期借款\quad +\ 80\,000$$

$$长期借款\quad -\ 80\,000$$

$$\overline{\qquad\qquad 640\,000\qquad\qquad\qquad\qquad 640\,000}$$

这一会计事项只涉及到会计等式的右边，使企业的两个权益项目（负债）以相等的金额一增一减，权益的总额不变。资产总额和权益总额保持平衡，仍为640 000元。

上述举例表明，会计事项都会直接影响到会计要素在数量上的增减变化，但始终不会破坏会计等式的平衡关系。现将以上四例会计事项所引起的资产和权益增减变动的情况列表，如表2-2所示。

表2-2

资产	4月末	5月份 增加	5月份 减少	5月末	权益	4月末	5月份 增加	5月份 减少	5月末
库存现金	1 000			1 000	短期借款	70 000	80 000	60 000	90 000
银行存款	87 200	200 000	60 000	227 200	应付账款	50 000			50 000
应收账款	36 000			36 000	长期借款	80 000		80 000	
原材料	68 000		12 000	56 000	实收资本	300 000	200 000		500 000
生产成本	42 800	12 000		54 800					
库存商品	65 000			65 000					
固定资产	200 000			200 000					
资产总额	500 000	212 000	72 000	640 000	权益总额	500 000	280 000	140 000	640 000

以上四例会计事项代表了企业资金运动引起资产和权益增减变化的四种类型。其中，1、2两种类型引起会计等式两边等额同增或等额同减，3、4两种类型引起会计等式某一边的等额增减。但不论哪种情况，资产总额和权益总额始终保持相等关系。所以，"资产＝权益"这一平衡关系，不仅存在于资金运动的静止状态，而且存在于资金运动的运动状态，它是一个客观存在的会计恒等式。资产和权益增减变化的四种类型如表2-3所示。

表2-3

资产和权益增减变化的四种类型

经济业务类型	资产	＝	权益
第一种类型	＋		＋
第二种类型	－	＝	－
第三种类型	＋ －		
第四种类型			＋ －

在理解和运用"资产＝权益"这一平衡关系时应注意:①这一会计等式,实际上已包含了资金耗费和资金收回。企业发生的成本、费用等资金耗费占用了企业的资金,因此成本、费用可视同资产处理;企业的收入即资金收回,是企业资金的增加因素,因此收入可视同资金来源,即权益处理。这四种变化类型不仅是对资产和权益增减变化情况的归纳,也是对成本、费用和收入增减变化情况的归纳。②如果把权益划分为"负债"和"所有者权益",即以"资产＝负债＋所有者权益"这一会计等式为基础观察、归纳会计事项,则上述四种变化类型就相应扩展为九种变化类型。其归纳如表 2-4 所示。

表 2-4

资产、负债和所有者权益增减变化的类型

| 经济业务类型 | | 资产 | ＝ | 负债 ＋ 所有者权益 | |
基本变化类型	扩展变化类型			负债	所有者权益
第一种类型	1	＋		＋	
	2	＋			＋
第二种类型	3	－		－	
	4	－			－
第三种类型	5	＋ －	＝		
第四种类型	6			＋ －	
	7				＋ －
	8			＋	－
	9			－	＋

这九种变化类型与前述四种变化类型相比,变化类型的数量增加了,但两者的平衡原理是完全一致的。

第三章　账户与复式记账

【学习目标】

　　为满足企业单位会计核算的要求,还需对会计要素进一步分类,并采用一定的方法记录下来。通过本章的学习,了解会计科目、账户的概念、分类和两者关系,熟悉借贷记账法的账户结构和记账规律,学会编制会计分录、登记账户、总账和明细账的平行登记和试算平衡。

第一节 账 户

一、会计科目

(一) 会计科目的意义

会计科目是对六项会计要素按经济内容和管理要求进一步分类后形成的项目。尽管会计对象已经分为资产、负债、所有者权益、收入、费用和利润六大要素,但是由于企业日常发生的经济业务多种多样,这样的分类对于具体的核算和管理仍显得比较粗略,不能满足需要,特别是不能满足对会计最终信息的要求。为了较详细地、分门别类地核算和监督各会计事项的发生情况以及由此引起的资金增减变化,就需要设置会计科目。

(二) 会计科目的分类

1. 会计科目按经济内容分类

企业的会计科目按经济内容分类,可分为资产、负债、所有者权益、成本、损益等五大类。

小知识 3-1

会计科目按经济内容分类中,为满足一些行业的特殊需要,还可以设置资产负债共同类科目。这类科目余额在借方时为资产,余额在贷方时为负债。如:清算资金往来、货币兑换等。

2. 会计科目按所提供指标的详细程度分类

会计科目按所提供指标的详细程度分类,可分为会计科目、子目和细目。为了详细地反映出各种分类项目的具体情况,提供明细资料,应根据核算和管理的需要,对某些会计科目作进一步的细分,即在会计科目下设置子目,在子目下设置细目,逐级细分,逐级控制。譬如"原材料"科目,它能反映企业所有材料的总括情况,但不能反映各种材料的分类情况。因此,就需要在"原材料"科目下设置"原料及主要材料""辅助材料""包装材料""燃料"等子目。有些子目包括的内容比较广泛,还可以在子目下再设细目,如:在子目"原料及主要材料"下再按材料的品名、规格设置细目,以反映每种材料的具体情况。

```
原材料——原料及主要材料——钢管
                      ——铁皮
      ——辅助材料    ——螺丝
      ⋮            ——焊锡
    (科目)      (子目)      (细目)
```

会计科目是会计对象具体内容的总括分类项目,所以也称为总分类科目或一级科目。子目、细目是各项具体内容的明细分类项目,所以又称为明细分类科目或二级科目、三级科目。

(三) 会计科目的设置原则

会计科目的设置应当从有利于经营管理和经济核算、满足对外报告的需要出发,将统一性和灵活性相结合,力求准确、实用,并保持相对稳定。在实际工作中,会计科目是由国家财政部门统一规定的,企业主管部门可在财政部规定的范围内根据本行业的实际情况进行增设或合并;会计子目、细目除统一规定外,企业可根据本单位的规模大小、业务特点、管理要求等实际情况自行设置。企业根据财政部门统一规定设置会计科目,可以使企业的会计资料口径一致,便于逐级汇总,为国家提供可靠的资料,更好地发挥会计的作用。

我国《会计准则应用指南——会计科目》中常用会计科目分类排列和编号的情况如表3-1所示。

表3-1

企业会计科目表

序号	编号	会计科目名称	序号	编号	会计科目名称
		一、资产类	24	1523	可供出售金融资产
＊1	1001	库存现金	25	1524	长期股权投资
＊2	1002	银行存款	26	1525	长期股权投资减值准备
3	1015	其他货币资金	27	1526	投资性房地产
4	1101	交易性金融资产	28	1531	长期应收款
5	1121	应收票据	29	1541	未实现融资收益
＊6	1122	应收账款	＊30	1601	固定资产
7	1123	预付账款	＊31	1602	累计折旧
8	1131	应收股利	32	1603	固定资产减值准备
9	1132	应收利息	33	1604	在建工程
＊10	1231	其他应收款	34	1605	工程物资
11	1241	坏账准备	35	1606	固定资产清理
12	1401	材料采购	＊36	1701	无形资产
＊13	1402	在途物资	37	1702	累计摊销
＊14	1403	原材料	38	1703	无形资产减值准备
15	1404	材料成本差异	39	1711	商誉
＊16	1406	库存商品	40	1801	长期待摊费用
17	1407	发出商品	41	1811	递延所得税资产
18	1410	商品进销差价	＊42	1901	待处理财产损溢
19	1411	委托加工物资			二、负债类
20	1412	周转材料	＊43	2001	短期借款
21	1461	存货跌价准备	44	2101	交易性金融负债
22	1521	持有至到期投资	45	2201	应付票据
23	1522	持有至到期投资减值准备	＊46	2202	应付账款

基础会计（第六版）

序号	编号	会计科目名称	序号	编号	会计科目名称
47	2205	预收账款			四、成本类
*48	2211	应付职工薪酬	*67	5001	生产成本
*49	2221	应交税费	*68	5101	制造费用
*50	2231	应付股利	69	5201	劳务成本
*51	2232	应付利息	70	5301	研发支出
52	2241	其他应付款			五、损益类
53	2411	预计负债	*71	6001	主营业务收入
54	2501	递延收益	*72	6051	其他业务收入
*55	2601	长期借款	73	6101	公允价值变动损益
56	2602	长期债券	74	6111	投资收益
57	2801	长期应付款	*75	6301	营业外收入
58	2802	未确认融资费用	*76	6401	主营业务成本
59	2811	专项应付款	*77	6402	其他业务成本
60	2901	递延所得税负债	*78	6405	税金及附加
		三、所有者权益类	79	6601	销售费用
*61	4001	实收资本	*80	6602	管理费用
62	4002	资本公积	*81	6603	财务费用
*63	4101	盈余公积	*82	6701	资产减值损失
*64	4103	本年利润	83	6711	营业外支出
*65	4104	利润分配	*84	6801	所得税费用
66	4201	库存股	*85	6901	以前年度损益调整

注：序号前有 * 的，为本书所运用和涉及的会计科目。

会计科目的编号是根据会计科目的分类和排列的顺序确定的。一般采用四位数字编号，即第一位数字表示科目的大类，第二位数字表示科目的小类，第三、四位数字表示各小类之下科目的顺序号。会计科目的编号除了表明它们的类别和具体名称外，还有助于填制会计凭证、登记账簿以及实现会计电算化。

二、账户

（一）账户的概念

账户是具有一定结构，用来核算和监督企业各会计事项所引起资金增减变动情况和结果的记账单元。设置账户是会计核算的一种专门方法。企业每使用一个会计科目，必须相应开设一个账户，账户是依附在账簿上的，会计科目就是账户的名称，它规定了账户所要核算和监督的经济内容。

（二）账户的意义

企业在经营过程中，经济业务发生频繁，必然会引起企业资金运动的不断变化。为了分类地、连续地核算和监督各项经济业务，以及由此引起资金增减的变动情况和结果，就需要设置账户。

（三）会计科目与账户的联系与区别

会计科目和账户是两个不同的概念，它们既有联系又有区别。

1. 联系

会计科目是账户的名称；会计科目规定的经济内容也就是账户应核算的经济内容；会计科目与账户的分类标准和层次是相同的。

2. 区别

会计科目只是表明某一会计事项归属的分类项目；而账户则是具有一定结构形式的记账单元，通过账户可以记载会计事项，连续、系统、全面地反映某项经济业务内容的增减变动情况及其结果。

三、复式记账

在设置了会计科目，并按会计科目开设了账户之后，就需要采用一定的记账方法将发生的会计事项登记在账户之中。记账方法是在账簿中登记会计事项的方法，它可分为单式记账法和复式记账法两类。单式记账法是指对发生的会计事项只在一个账户中进行登记的记账方法。它在记账时，重点考虑的是库存现金、银行存款，以及债权债务方面的增减变化情况。因此，单式记账法下一般只设置"库存现金""银行存款""应收账款"和"应付账款"等账户，而没有一整套完整的账务体系，无法全面提供管理上所需要的会计资料，是一种简单的、不完整的记账方法。目前单式记账法基本上已被复式记账法所取代。

（一）复式记账的概念

复式记账又称复式记账法，是对每一会计事项所引起的资金增减变化都以相等的金额同时在相互联系的两个或两个以上的账户中进行登记的一种记账方法。复式记账是会计核算的一种专门方法。

从企业的会计事项引起资产和权益的增减变动情况看，可以归纳为四种类型。这四种类型又可归纳为两种情况：一是资产和权益都以相等金额同时增加或同时减少；二是资产内部或权益内部有关科目以相等金额有增有减。这两种情况都反映了一个共同事实：每发生一笔经济业务，由此引起的资金增减变动至少要涉及两方面，或是资产和权益两方面，或是资产或权益各自内部的某两方面。这些"两方面"之间都是彼此区别而又相互联系的。因此，要全面记录资金运动的情况，就必须对每项经济业务以相等的金额从两个方面同时记录，以确保记录的完整性。复式记账正是体现了这一双重记录的要求。

（二）复式记账的特点

1. 能反映资金运动的全貌

由于复式记账要求对每一会计事项都要在相互联系的两个或两个以上的账户中进行登记，不仅反映了资金的来龙去脉，而且通过会计要素的增减变动全面系统地反映了资金运动的过程和结果。

2. 形成完整的账务体系

由于复式记账要求对每一会计事项都要在相互联系的两个或两个以上的账户中进行登记，使有关账户之间存在一定的对应关系，从而形成科学、完整的账务体系。

3. 便于检查账户记录的正确性

由于复式记账要求以相等的金额在两个或两个以上的账户中同时登记,使有关账户间保持了一种平衡关系,因此可据以对账户记录的结果进行试算平衡,从而检查账户记录的正确性。

(三)复式记账法的种类

复式记账法按照记账符号、记账规律、试算平衡方法的不同,可分为借贷记账法、增减记账法和收付记账法三种。其中,借贷记账法是世界上大多数国家普遍采用的记账方法,中华人民共和国成立以后,国内的各个系统同时分别依法采用收付记账法、增减记账法和借贷记账法。目前我国的企业会计准则明确规定中国境内的所有企业、行政单位和事业单位都应采用借贷记账法记账。

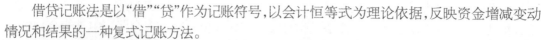

第二节 借贷记账法

借贷记账法是以"借""贷"作为记账符号,以会计恒等式为理论依据,反映资金增减变动情况和结果的一种复式记账方法。

借贷记账法起源于 12 世纪的意大利。"借""贷"二字的含义,最初是从借贷资本家的角度来解释的。"借"是付出的放款,记在借主名下,表示别人欠的债权;"贷"是吸收的存款,记在贷主名下,表示欠别人的债务。随着商品货币经济的发展,经济活动的内容日益复杂,记账对象逐步扩大到财产物资、经营损益等方面,"借"和"贷"已无法概括所记载的会计事项,但为了统一账簿记录,这些非货币借贷的业务也要求用"借贷"进行记录,这时,借贷二字就逐渐转化为一种纯粹的记账符号,成为会计学科中的专门术语。

一、记账符号

在借贷记账法下,"借"和"贷"作为记账符号,只代表账户上两个对立的方位。对每一账户来说,如果规定借方表示增加,则贷方就表示减少;如果规定贷方表示增加,则借方就表示减少。"借"和"贷"本身并不确定表示为增或减,只有具体到某一类账户,才能明确该类账户"借"和"贷"所表示的增减含义。

二、账户结构

(一)账户的基本结构

在借贷记账法下,账户的基本结构分为左右两方,左方称为借方,右方称为贷方,分别反映资产和权益、收入和费用的增加和减少数额。其简化格式如图 3-1 所示。

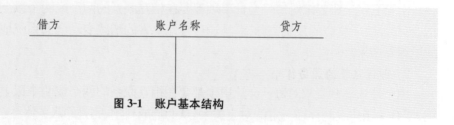

图 3-1 账户基本结构

账户的借、贷两方,一方登记增加数额,另一方登记减少数额。至于哪一方登记增加数额,哪一方登记减少数额,则要根据账户的性质,即各有关账户所反映的经济内容而定。

　　账户按其所反映的经济内容的不同,可分为资产和权益两大类账户。这两大类账户正好分别反映了会计恒等式的两个方面,因此,应以相反的方向来登记这两类账户的增加数额和减少数额。在借贷记账法下,对资产类账户借方登记增加数,贷方登记减少数;对权益类账户贷方登记增加数,借方登记减少数。资产和权益这两类账户的基本结构,其简化格式如图 3-2 所示。

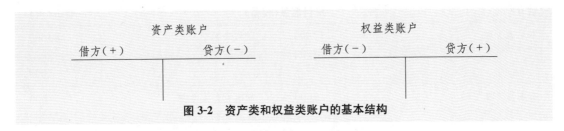

图 3-2　资产类和权益类账户的基本结构

(二) 账户结构的内部关系

　　在一定时期末,将账户的"借方"和"贷方"所登记的金额进行合计,称为"本期发生额",可分为"本期借方发生额"和"本期贷方发生额"。若账户的借方数大于贷方数,它的结余额称为借方余额;若贷方数大于借方数,它的结余额称为贷方余额。在一定时期末结出的余额称为期末余额。一般说来,资产类账户表现为借方余额,权益类账户表现为贷方余额。本期的期末余额转入下期,就是下期的期初余额。账户结构的内部关系如图 3-3 所示。

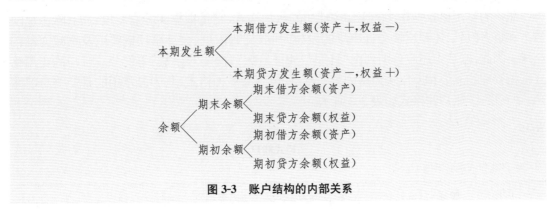

图 3-3　账户结构的内部关系

账户的余额和发生额之间的关系可用以下公式表示:

$$期初余额 + 本期增加发生额 - 本期减少发生额 = 期末余额$$

一般说来,资产类账户:

$$期初借方余额 + 本期借方发生额 - 本期贷方发生额 = 期末借方余额$$

权益类账户:

$$期初贷方余额 + 本期贷方发生额 - 本期借方发生额 = 期末贷方余额$$

现以"库存现金"和"应付账款"账户举例,分别如图 3-4、图 3-5 所示。

借方（＋）	库存现金（资产）		贷方（－）
期初余额	1 000	本期减少额	1 800
本期增加额	3 500		600
本期借方发生额	3 500	本期贷方发生额	2 400
期末余额	2 100		

图 3-4 "库存现金"账户示例

借方（－）	应付账款（权益）		贷方（＋）
本期减少额	12 000	期初余额	80 000
	3 000	本期增加额	5 000
			2 000
本期借方发生额	15 000	本期贷方发生额	7 000
		期末余额	72 000

图 3-5 "应付账款"账户示例

（三）账户的格式

1. 简化格式

图 3-2 给出的账户格式即为简化格式,通常称为"丁字账户"或"T 形账户",这种格式多在教学中使用或在实务工作中作计算、试算的草稿使用。

2. 实用格式

账户的实用格式是指实际工作中使用的账户格式,它是根据实际需要设计的,除了反映借方和贷方以外,还要反映会计事项的发生时间、记账依据、会计事项摘要以及增减变动的结果。因此,账户中还应分别列出"日期""凭证号数""摘要""余额"等部分。账户的实用格式根据管理的需要和所反映经济内容的特点,可分为多种格式,其中最常用的是"三栏式"账户。"三栏式"账户的格式如表 3-2 所示。

表 3-2

三栏式账户

账户名称:（会计科目）

年		凭证号数	摘　要	借方	贷方	借或贷	余额
月	日						

企业在生产经营活动中发生的各项经济业务,除了会引起资产和权益发生增减变动外,还会发生各种成本、费用和取得各种收入。因此,应设置反映成本、费用和收入的账户。成本、费用类账户,其结构与资产类账户相同,记账方向一致;收入类账户,其结构与权益类账户相同,记账方向一致。这些账户将在以后具体说明,这里不再举例。

现将各类账户借、贷两方登记的增减情况归纳如表 3-3 所示。

表 3-3

各类账户借、贷两方登记的增减情况

账户类别	借方登记	贷方登记
资产类账户	增加	减少
负债类账户	减少	增加
所有者权益类账户	减少	增加
成本费用类账户	增加	减少
收入类账户	减少	增加

三、记账规律

借贷记账法的记账规律是"有借必有贷,借贷必相等"。这一规律主要是依据复式记账原理、借贷记账法账户结构的原理和会计事项四种基本类型归纳得出的。

我们在运用借贷记账法的记账规律登记会计事项时,应注意如下步骤:

第一,确定会计事项的类型。

第二,确定应登记的会计科目。

第三,确定记账方向。

现举例说明记账规律如下:

【例 1】一鸣工厂 4 月末资金总额为 500 000 元(详见表 2-1),5 月份发生会计事项如下:

【会计事项 1】5 日,收到国家补充投资 200 000 元,存入银行。

这一会计事项属第一种类型,即资产权益同时等额增加。记账时,对该会计事项分析如下:

涉及账户	账户类别	变动情况	借方	贷方
"银行存款"	资产	增加	200 000	
"实收资本"	权益	增加		200 000

用账户记录如图 3-6 所示(有期初余额的应先登记期初余额,下同)。

银行存款		实收资本	
期初余额　87 200			期初余额　300 000
①　200 000			①　200 000

图 3-6　账户记录(一)

【会计事项 2】10 日,以银行存款 60 000 元,归还短期借款。

这一会计事项属第二种类型,即资产权益同时等额减少。记账时,对该会计事项分析如下:

涉及账户	账户类别	变动情况	借方	贷方
"短期借款"	权益	减少	60 000	
"银行存款"	资产	减少		60 000

用账户记录如图 3-7 所示。

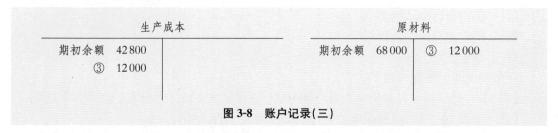

	银行存款		短期借款	
期初余额　87 200	② 60 000	② 60 000	期初余额　70 000	
①　200 000				

图 3-7　账户记录(二)

【会计事项 3】17 日,车间生产产品领用原材料一批,价值 12 000 元。

这一会计事项属第三种类型,即资产内部有关科目同时等额增减。记账时,对该会计事项分析如下:

涉及账户	账户类别	变动情况	借方	贷方
"生产成本"	成本*	增加	12 000	
"原材料"	资产	减少		12 000

用账户记录如图 3-8 所示。

	生产成本		原材料	
期初余额　42 800		期初余额　68 000	③ 12 000	
③　12 000				

图 3-8　账户记录(三)

【会计事项 4】22 日,借入银行短期借款 80 000 元,直接归还已到期的长期借款。

这一会计事项属第四种类型,即权益内部有关科目同时等额增减。记账时,对该会计事项分析如下:

涉及账户	账户类别	变动情况	借方	贷方
"长期借款"	权益	减少	80 000	
"短期借款"	权益	增加		80 000

用账户记录如图 3-9 所示。

	短期借款		长期借款	
② 60 000	期初余额　70 000	④ 80 000	期初余额　80 000	
	④　80 000			

图 3-9　账户记录(四)

在实际工作中,有些经济业务的内容较为复杂,会涉及到两个以上的账户。这时,就需要登记在一个账户的借方和几个账户的贷方,即一借多贷;或者登记在几个账户的借方和一个账户的贷方,即一贷多借。

---

*注:成本类账户视同资产处理。

基础会计(第六版)

【会计事项 5】26 日,购进甲材料 30 000 元,以银行存款支付 18 000 元,余款 12 000 元暂欠。

这一会计事项涉及到"原材料""银行存款""应付账款"三个账户。记账时,对该会计事项分析如下:

涉及账户	账户类别	变动情况	借方	贷方
"原材料"	资产	增加	30 000	
"银行存款"	资产	减少		18 000
"应付账款"	权益	增加		12 000

用账户记录如图 3-10 所示。

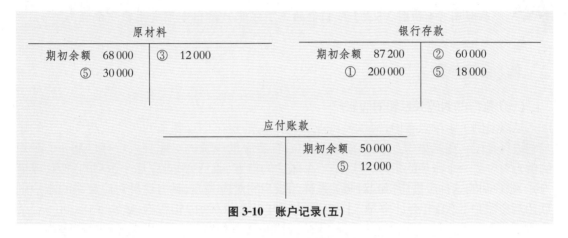

图 3-10 账户记录(五)

【会计事项 6】29 日,收回应收账款 10 100 元,其中 10 000 元为银行存款;100 元为现金。

这一会计事项涉及到"库存现金""银行存款""应收账款"三个账户。记账时,对该会计事项分析如下:

涉及账户	账户类别	变动情况	借方	贷方
"库存现金"	资产	增加	100	
"银行存款"	资产	增加	10 000	
"应收账款"	资产	减少		10 100

用账户记录如图 3-11 所示。

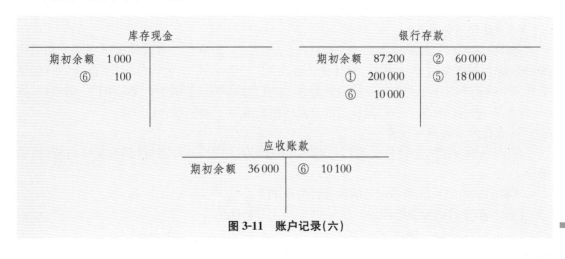

图 3-11 账户记录(六)

从上述会计事项记入账户的过程可以看出以下共同点：

第一，每一会计事项的发生额都必须同时记入两个或两个以上相互联系的账户；

第二，被记载的两个或两个以上的账户可以是同一类的，也可以是不同类的，但必然是一个(或几个)账户记在借方，一个(或几个)账户记在贷方；

第三，记入两个或两个以上账户的借方金额和贷方金额必然相等。

这就是借贷记账法的记账规律——"有借必有贷，借贷必相等"。

课堂 DIY 3-1

参照图 3-4 和图 3-5 为【例 1】中的各丁字账户结出本期发生额及余额。

四、会计分录

(一) 账户的对应关系和对应账户

从以上例子中可以看出，每项经济业务的发生都要在相互联系的两个或两个以上的账户中进行登记。在这些相互联系的账户之间，有着应借应贷的对照关系。有时是一个账户的借方对应另一个账户的贷方；有时是一个账户的借方(或贷方)对应几个账户的贷方(或借方)。账户间的这种应借应贷的对照关系称为账户的对应关系，具有这种对应关系的账户则互为对应账户。例如【会计事项 5】，购进甲材料 30 000 元，以银行存款支付 18 000 元，余款 12 000 元暂欠。这笔经济业务记入"原材料"的借方和"银行存款""应付账款"账户的贷方。在"原材料"账户与"银行存款"账户、"原材料"账户与"应付账款"账户之间就形成了对应关系，它们互为对应账户；但"银行存款"与"应付账款"不是对应账户，因为它们之间不存在应借应贷的对应关系。

(二) 会计分录

1. 会计分录的概念

为了清晰反映账户间的对应关系，保证账户记录的正确性，在会计事项发生后，并不直接登记账户，而是根据原始凭证在记账凭证上编制会计分录后据以登记入账。会计分录又称记账公式，简称分录，是指对每一会计事项确定其应借应贷的账户名称及其金额的一种记录。会计分录包含三项要素：记账方向、账户名称和金额。

2. 会计分录的分类

会计分录可以分为简单会计分录和复合会计分录。简单会计分录是指只有两个相对应账户的会计分录，如【会计事项 1】至【会计事项 4】"一借一贷"的会计分录；复合会计分录是指有三个或三个以上相对应账户的会计分录，如【会计事项 5】和【会计事项 6】"一借多贷"或"一贷多借"的会计分录。一笔复合会计分录可拆分成若干笔简单会计分录。

3. 会计分录的列示方式

在借贷记账法下，会计分录的列示方式可概括为：先借后贷，借贷相等；左借右贷，借贷错开。

现将前例中的六项经济业务编制会计分录如下：

【会计事项 1】借：银行存款　　　　　　　　　200 000

　　　　　　　　贷：实收资本　　　　　　　　　　　　　　200 000

【会计事项 2】借:短期借款　　　　　60 000
　　　　　　　贷:银行存款　　　　　　　　　　　60 000

【会计事项 3】借:生产成本　　　　　12 000
　　　　　　　贷:原材料　　　　　　　　　　　　12 000

【会计事项 4】借:长期借款　　　　　80 000
　　　　　　　贷:短期借款　　　　　　　　　　　80 000

【会计事项 5】借:原材料　　　　　　30 000
　　　　　　　贷:银行存款　　　　　　　　　　　18 000
　　　　　　　　应付账款　　　　　　　　　　　12 000

【会计事项 6】借:银行存款　　　　　10 000
　　　　　　　　库存现金　　　　　　 100
　　　　　　　贷:应收账款　　　　　　　　　　　10 100

上述【会计事项 5】和【会计事项 6】可按其对应关系分别拆分为两笔简单会计分录:

【会计事项 5】①借:原材料　　　　　18 000
　　　　　　　　贷:银行存款　　　　　　　　　　18 000

　　　　　②借:原材料　　　　　12 000
　　　　　　　贷:应付账款　　　　　　　　　　　12 000

【会计事项 6】①借:银行存款　　　　10 000
　　　　　　　　贷:应收账款　　　　　　　　　　10 000

　　　　　②借:库存现金　　　　　 100
　　　　　　　贷:应收账款　　　　　　　　　　　 100

在实际工作中,还有一种"多借多贷"形式的复合会计分录。但这种会计分录不能清晰、明确地反映各账户之间的对应关系,一般应尽量避免编制。

五、试算平衡

(一)试算平衡的原理

为了保证各账户登记方向及其金额的正确性,在编制会计分录和记账、结账的过程中,需要通过一定的方法进行检查。试算平衡是指以会计恒等式"资产 = 负债 + 所有者权益"和"有借必有贷,借贷必相等"的借贷记账规则为理论基础,利用借方与贷方必然相等的平衡关系,对会计分录和账户记录所作的平衡检查。

(二)平衡关系的表现

由于会计分录记录的每一笔经济业务的借贷两方都是平衡的,因此全部会计分录的借贷两方也必然是平衡的。记入各有关分类账户的借方和贷方后,全部账户的借贷两方发生额合计数也必然平衡。因此,各账户结算余额后,全部账户的借方余额与贷方余额同样是平衡的。这就是"分录平衡——发生额试算平衡——余额试算平衡"的广泛平衡规则。这种平衡关系主要表现为以下两个方面:

1. 发生额平衡

(1)**逐笔发生额平衡**　逐笔发生额平衡是指每笔会计分录的借方与贷方相等。

(2)**全部发生额平衡**　全部发生额平衡是指全部账户的借方发生额合计与贷方发生额合计相等。

2. 余额平衡

（1）**期初余额平衡**　全部账户的期初借方余额合计与期初贷方余额合计相等。

（2）**期末余额平衡**　全部账户的期末借方余额合计与期末贷方余额合计相等。

（三）试算平衡原理的应用

在实际工作中，为了检查账户记录是否正确，我们可根据各分类账户的本期发生额及余额编制试算平衡表，以检查和验算过账中是否发生错误。试算表的格式一般有两种，即余额试算表和发生额及余额试算表。

1. 余额试算表

余额试算表只对全部账户余额进行试算平衡，用于检查全部账户期末（期初）借方余额合计数是否等于全部账户期末（期初）贷方余额合计数。根据会计恒等式"资产＝负债＋所有者权益"的原理，各项资产总额与各项权益（包括负债和所有者权益）总额必然相等。在借贷记账法下，由于资产的期末数额表现为账户的借方余额，权益的期末数额表现为账户的贷方余额，因此，一般来说，所有账户借方余额合计即为资产总额；所有账户贷方余额合计即为权益总额，两者必然相等。现将前面所举各项业务编制试算平衡表进行试算平衡，如表3-4所示。

表3-4

余额试算表

单位：一鸣工厂　　　　　　　　　20××年5月31日　　　　　　　　　编号

科目编号	账户名称	借方余额	贷方余额
略	库存现金	1 100	
	银行存款	219 200	
	应收账款	25 900	
	原材料	86 000	
	生产成本	54 800	
	库存商品	65 000	
	固定资产	200 000	
	短期借款		90 000
	长期借款		
	应付账款		62 000
	实收资本		500 000
合计		652 000	652 000

2. 发生额及余额试算表

发生额及余额试算表同时对全部账户的期初余额、本期发生额和期末余额进行试算平衡，全面检查全部账户的平衡关系。其具体格式如表3-5所示。

表 3-5

发生额及余额试算表

账户名称	期初余额		本期发生额		期末余额	
	借 方	贷 方	借 方	贷 方	借 方	贷 方
合 计						

单位：　　　　　年　月　日至　　年　月　日　　　　编号

应当注意的是,必须保证所有账户的发生额及余额均已全部记入试算平衡表,且通过试算平衡表来检查账户记录的正确性也不是绝对的。如果试算结果出现借贷不平衡,说明账户记录或计算结果肯定有错误;但如果试算结果平衡,只能说明账户的记录一般是正确的,不能肯定记账没有错误。因为有些错误并不影响借贷双方的平衡。常见的错误有:一是重复或漏记一笔会计分录;二是将应记入甲账户的金额记入了乙账户(而甲账户和乙账户又恰恰是同一类账户);三是借贷双方同时多记或少记相等金额;四是颠倒了记账方向等。此时也可以通过试算平衡。因此,要保证记账的正确性,除了进行试算平衡以外,更重要的是记账时必须认真细致,以保证日常会计核算工作不出现差错。

课堂 DIY 3-2

根据 p.37【例 1】中的各丁字账户的期初余额、本期发生额及期末余额资料,编制发生额及余额试算表,直接填入表 3-5。

第三节　总分类账户和明细分类账户

一、总分类账户和明细分类账户的设置

账户是根据会计科目设置的。会计科目有总分类科目和明细分类科目,账户也就有总

基础会计（第六版）

分类账户和明细分类账户。总分类账户又称总账账户,明细分类账户又称明细账户。

(一)总分类账户的设置

总分类账户是根据本企业使用的会计科目设置的。

总分类账户用来提供总括的核算资料。

总分类账户只用货币作为计量单位进行核算,即采用金额核算。

(二)明细分类账户的设置

明细分类账户是根据会计科目以下的子目、细目或品名、户名设置的。

明细分类账户用来提供具体详细的核算资料。

明细分类账户除了用货币计量单位进行金额核算外,在必要时还应用实物计量单位进行数量核算,即采用数量、金额核算。通过数量、金额核算,可以提供比较详细的资料,对总分类账户的核算资料进行必要的补充。

例如"库存商品"总分类账户,是根据会计科目"库存商品"设置的,它总括反映了全部库存商品的增减变动情况。为了详细地反映不同库存商品的增减变动情况,还必须在"库存商品"账户下按照各种商品的品名、规格设置明细分类账户进行核算。又如"应付账款"这一总分类账户,是根据会计科目"应付账款"设置的,它总括反映了企业应付账款的情况。为了详细地反映相关债权人的具体情况,就必须按照其户名设置明细分类账户进行核算。

根据经济管理的要求,明细分类账户有时还要分等级设置,通常可以分为两个等级。总分类账户是一级账户,明细分类账户分设的两个等级账户就分别称为二级账户和三级账户。二级账户和三级账户对于一级总分类账户来说,都是明细分类账户,只是两者明细的程度不同。二级账户提供的资料比三级账户概括,但比一级账户详细。明细分类账户示例如图3-12所示:

> 库存商品——羊毛衫——男款羊毛衫
> ————女款羊毛衫
> ————羊绒衫——男款羊绒衫
> ————女款羊绒衫
> 应付账款——华山工厂
> _____——东方公司_____
> (一级账户)(二级账户)(三级账户)

图3-12 明细分类账户示例

(三)总分类账户和明细分类账户的关系

总分类账户是所属明细分类账户的统驭账户,对所属明细分类账户起控制作用;明细分类账户是某一总分类账户的从属账户,对该总分类账户起补充说明作用。在明细账户分两级设置的情况下,二级账户对三级账户起控制作用;三级账户补充说明二级账户。明细分类账户的分级设置有利于总分类账户的分层控制,便于总分类账户和明细分类账户的检查核对。

二、总分类账户和明细分类账户的平行登记

为了便于账户记录的核对,保证会计核算资料的正确性和完整性,总分类账户与其所属

明细分类账户必须采用平行登记的方法进行登记。

所谓平行登记法,是指对发生的每一会计事项,一方面要在总分类账户的有关账户中进行总括的登记,另一方面还要在所属明细分类账户的有关账户中进行明细登记的方法。总分类账户和明细分类账户的平行登记的要点如下:

(一) 依据相同

对发生的会计事项,要以相关的会计凭证为依据,既要记入有关的总分类账户,又要记入相关的明细分类账户。登记总分类账户和明细分类账户的原始依据必须相同。

(二) 方向相同

将会计事项记入总分类账户和明细分类账户时,记账方向必须相同。即总分类账户登记在借方,有关明细分类账户也应登记在借方;总分类账户登记在贷方,则有关明细分类账户也应登记在贷方。

(三) 期间相同

在将会计事项记入总分类账户和明细分类账户的过程中,时间上可以有先有后,但必须在同一会计期间全部登记入账。

(四) 金额相等

每一会计事项记入总分类账户的金额必须与记入其所属明细分类账户的金额之和相等。

只有做到平行登记,才能使总分类账户的记录与明细分类账户的记录保持一致。总分类账户的记录与明细分类账户平行登记后的数量关系可用公式表示如下:

总分类账户本期发生额＝所属明细分类账户本期发生额合计

总分类账户期末余额＝所属明细分类账户期末余额合计

【例2】二胡公司20××年2月1日"原材料""应付账款"两个账户的期初资料如表3-6和表3-7所示。

表 3-6

原材料明细资料

材料名称	数 量	单价(元)	金额(元)
甲种材料	1 000(箱)	18	18 000
乙种材料	2 300(千克)	30	69 000
合 计	—	—	87 000

表 3-7

应付账款明细资料

户 名	金额(元)
黄山工厂	22 000
天水工厂	16 000
合 计	38 000

① 4 日,向黄山工厂购入材料一批,材料已验收入库,货款尚未支付(为简化,暂不考虑增值税,下同)。这批材料具体包括:

甲种材料	100 箱	@18.00	1 800 元
丙种材料	20 吨	@85.00	1 700 元
合　　计			3 500 元

编制会计分录如下:

借:原材料——甲种材料　　　　　　　　1 800

　　　　——丙种材料　　　　　　　　1 700

　　贷:应付账款——黄山工厂　　　　　　　　　　3 500

② 14 日,向天水工厂购入材料一批,材料已验收入库,货款尚未支付。

乙种材料	500 千克	@30.00	15 000 元
丙种材料	30 吨	@85.00	2 550 元
合　　计			17 550 元

编制会计分录如下:

借:原材料——乙种材料　　　　　　　　15 000

　　　　——丙种材料　　　　　　　　2 550

　　贷:应付账款——天水工厂　　　　　　　　　　17 550

③ 24 日,生产车间领用材料一批,投入生产:

甲种材料	600 箱	@18.00	10 800 元
乙种材料	1 200 千克	@30.00	36 000 元
丙种材料	40 吨	@85.00	3 400 元
合　　计			50 200 元

编制会计分录如下:

借:生产成本　　　　　　　　　　　　50 200

　　贷:原材料——甲种材料　　　　　　　　　　10 800

　　　　　——乙种材料　　　　　　　　　　36 000

　　　　　——丙种材料　　　　　　　　　　3 400

根据上述经济业务,在"原材料"总分类账户及其"甲种材料""乙种材料""丙种材料"三个明细分类账户和"应付账款"总分类账户及其"黄山工厂""天水工厂"两个明细分类账户中进行平行登记如表 3-8 至表 3-14 所示。

表 3-8

总分类账户

账户名称:原材料

20××年		凭证号数	摘　要	借方	贷方	借或贷	余额
月	日						
2	1		期初余额			借	87 000
	4	1	购入甲、丙材料	3 500		借	90 500
	14	2	购入乙、丙材料	17 550		借	108 050
	24	3	生产产品领用		50 200	借	57 850
			本期发生额及余额	21 050	50 200	借	57 850

表 3-9

明细分类账户

账户名称:原材料——甲种材料   计量单位:箱

| 20××年 | | 凭证号数 | 摘 要 | 收 入 | | | 发 出 | | | 结 余 | | |
月	日			数量	单价	金额	数量	单价	金额	数量	单价	金额
2	1		期初							1 000	18	18 000
	4	1	购入	100	18	1 800				1 100	18	19 800
	24	3	发出				600	18	10 800	500	18	9 000
			本期发生额及余额	100	18	1 800	600	18	10 800	500	18	9 000

表 3-10

明细分类账户

账户名称:原材料——乙种材料   计量单位:千克

| 20××年 | | 凭证号数 | 摘 要 | 收 入 | | | 发 出 | | | 结 余 | | |
月	日			数量	单价	金额	数量	单价	金额	数量	单价	金额
2	1		期初							2 300	30	69 000
	14	2	购入	500	30	15 000				2 800	30	84 000
	24	3	发出				1 200	30	36 000	1 600	30	48 000
			本期发生额及余额	500	30	15 000	1 200	30	36 000	1 600	30	48 000

表 3-11

明细分类账户

账户名称:原材料——丙种材料   计量单位:吨

| 20××年 | | 凭证号数 | 摘 要 | 收 入 | | | 发 出 | | | 结 余 | | |
月	日			数量	单价	金额	数量	单价	金额	数量	单价	金额
2	4	1	购入	20	85	1 700				20	85	1 700
	14	2	购入	30	85	2 550				50	85	4 250
	25	3	发出				40	85	3 400	10	85	850
			本期发生额及余额	50	85	4 250	40	85	3 400	10	85	850

表 3-12

总分类账户

账户名称:应付账款

20××年		凭证号数	摘　要	借方	贷方	借或贷	余额
月	日						
2	1		期初余额			贷	38 000
	14		购料		3 500	贷	41 500
	24		购料		17 550	贷	59 050
			本期发生额及余额		21 050		59 050

表 3-13

明细分类账户

账户名称:应付账款——黄山工厂

20××年		凭证号数	摘　要	借方	贷方	借或贷	余额
月	日						
2	1		期初余额			贷	22 000
	4	1	购料		3 500	贷	25 500
			本期发生额及余额		3 500	贷	25 500

表 3-14

明细分类账户

账户名称:应付账款——天水工厂

20××年		凭证号数	摘　要	借方	贷方	借或贷	余额
月	日						
2	1		期初余额			贷	16 000
	14	2	购料		17 550	贷	33 550
			本期发生额及余额		—	17 550	贷	33 550

三、总分类账户与明细分类账户的核对

经过平行登记,总分类账户与明细分类账户在有关数字上必然是相等的。利用这一相等关系,可采用相互核对的方法来检查账户记录是否正确、完整。总分类账户与明细分类账户之间的核对,可以通过编制"明细分类账户本期发生额及余额表"来进行。其方法是先根据某一个总分类账户所属明细分类账户的记录,编制"明细分类账户本期发生额及余额表",然后,以其合计数与总分类账户核对。

以【例 2】的资料分别编制"原材料明细分类账户本期发生额及余额表"和"应付账款明细分类账户本期发生额及余额表",如表 3-15 和表 3-16 所示。

表 3-15

原材料明细分类账户本期发生额及余额表

明细分类账户名称	期初余额		本期发生额		期末余额	
	借 方	贷 方	借 方	贷 方	借 方	贷 方
甲种材料	18 000		1 800	10 800	9 000	
乙种材料	69 000		15 000	36 000	48 000	
丙种材料			4 250	3 400	850	
合　　计	87 000		21 050	50 200	57 850	

表 3-16

应付账款明细分类账户本期发生额及余额表

明细分类账户名称	期初余额		本期发生额		期末余额	
	借 方	贷 方	借 方	贷 方	借 方	贷 方
黄山工厂		22 000		3 500		25 500
天水工厂		16 000		17 550		33 550
合　　计		38 000		21 050		59 050

表 3-15 和表 3-16 中各栏的合计数,分别是"原材料"和"应付账款"两个总分类账户的期初余额、本期借方发生额、本期贷方发生额和期末余额,应分别与总分类账户核对相符。如果有关数字不等,则说明账户记录有差错,应查明原因,及时纠正,以保证账户记录的正确性。

第四章 借贷记账法在工业企业的运用

【学习目标】

　　工业企业的主要经济业务分为资金筹集、资金运用和资金退出企业三个部分,资金运用又可分为采购过程、生产过程、销售过程、其他经济业务,以及利润的形成和分配等。通过本章的学习,学会运用借贷记账法对上述主要经济业务进行账务处理。能正确运用会计科目,编制会计分录,进行简单的材料成本、产品成本计算和产品成本明细账的登记。

工业企业的主要经济业务分为资金筹集、资金运用和资金退出三个部分,其中资金运用又可分为采购过程、生产过程、销售过程、其他经济业务,以及利润的形成和分配等。为了全面、连续、系统地反映和监督生产经营活动的过程和结果,企业必须根据会计事项的内容和管理要求,设置相应的账户,运用借贷记账法,对发生的各项经济业务进行账务处理,以提供管理上所需的各种会计信息。

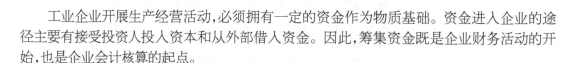

第一节　资金进入企业的核算

工业企业开展生产经营活动,必须拥有一定的资金作为物质基础。资金进入企业的途径主要有接受投资人投入资本和从外部借入资金。因此,筹集资金既是企业财务活动的开始,也是企业会计核算的起点。

一、接受投资的核算

投资者投入企业的资金主要形成资本金。资本金是指企业在工商行政管理部门登记的注册资金,也是企业依法筹集、长期拥有、可自主支配的资金。资本金按其投资主体的不同,可分为国家投入资本、法人投入资本、个人投入资本和外商投入资本。企业接受投资人投入的资本金,可以是货币形式、实物形式,也可以是无形资产,如:库存现金、存货、固定资产、商标权等。投资者投入企业的资金,虽属投资者所有,但在企业存续期间应当保全,除法律法规另有规定外,只能依法转让,不得抽回。

(一)设置账户

1.“银行存款”账户

“**银行存款**”是资产类账户,用来核算企业存放在银行的款项。借方登记存款的增加数;贷方登记存款的减少数;期末余额在借方,表示银行存款结存额。

“银行存款”账户应按开户银行的名称设置明细账。

2.“**实收资本**”账户

“**实收资本**”是所有者权益类账户,用来核算企业实际收到投资人投入的资本。借方登记资本的转出数;贷方登记资本的投入数;期末余额在贷方,表示企业实际收到的资本额。

“实收资本”账户应按投资者的名称设置明细账。

3.“**固定资产**”账户

“**固定资产**”是资产类账户,用来核算企业所有固定资产的原始价值。借方登记增加固定资产的原始价值;贷方登记减少固定资产的原始价值;期末余额在借方,表示企业现有固定资产的原始价值。

4.“**应交税费**”账户

“**应交税费**”是负债类账户,用来核算企业应缴纳的各种税金。贷方登记应交税金的增加数;借方登记应交税金的减少数。期末余额在贷方,表示企业有尚未缴纳的税金;期末如为借方余额,表示企业有多缴或尚未抵扣的税金。

“应交税费”账户按税种进行明细核算,如应交所得税、应交增值税等。“应交增值税”子目核算的内容繁杂,故在子目下设“进项税额”“销项税额”“已交税金”和“进项税额转出”等细目。一般情况下"进项税额""已交税金"的发生额在借方,反映企业购进货物或接受应税劳务支付的进项税额和交纳本月应交的增值税;"销项税额""进项税额转出"的发生额在贷方,反映企业销售货物或提供应税劳务应交纳的销项税额和因改变用途而转出的增值税额。

(二) 账务处理

企业收到投资人投入的现金或财产物资时,应以实际收到或存入企业开户银行的金额或投资各方确认的价值,增加企业的相关资产及"实收资本"账户。

【例1】收到投资者投入资金 220 000 元,其中国家投入资金 100 000 元,三元公司投入资金 80 000 元,李华个人投入资金 40 000 元,款项存入银行。作会计分录如下:

```
借:银行存款                          220 000
    贷:实收资本——国家投资                        100 000
        ——三元公司                              80 000
        ——李华                                  40 000
```

【例2】收到投资单位三元公司投资机器设备 2 台,验收无误。收到增值税专用发票,机器设备每台 10 000 元,增值税额 1 300 元,共计 22 600 元,作会计分录如下:

```
借:固定资产           20 000
    应交税费——应交增值税(进项税额)
                      2 600
    贷:实收资本——三元公司     22 600
```

> **接受投资的基本账务处理**
>
> 借:银行存款(无形资产等)
>   贷:实收资本——××投资
> 借:库存商品(固定资产等)
>   应交税费——应交增值税(进项税额)
>   贷:实收资本——××投资

小知识4-1

增值税是以商品(含应税劳务、应税行为)在流转过程中实现的增值额作为计税依据而征收的一种流转税。按照我国现行增值税制度的规定,在我国境内销售货物、加工修理修配劳务、服务(指提供交通运输服务、建筑服务、邮政服务、电信服务、金融服务、现代服务、生活服务等)、无形资产和不动产以及进口货物的企业、单位和个人为增值税纳税人。根据经营规模及会计核算水平的健全程度,增值税纳税人分为一般纳税人和小规模纳税人。

二、借入资金的核算

借入资金是指依法筹集、依约使用、到期偿还本息的资金,主要通过向银行或其他金融机构借款、结欠其他单位货款等形式筹集。借款按偿还期长短,可分为短期借款和长期借款。短期借款是指企业从银行借入的偿还期在一年以内(含一年)的款项。长期借款是指企业从银行借入的偿还期在一年以上的款项。

(一) 设置账户

1. "短期借款"账户

"短期借款" 是负债类账户,用来核算企业从银行或其他金融机构等借入的期限在一年以内(含一年)的各种款项。贷方登记短期借款的增加数;借方登记短期借款的减少数;期末余额在贷方,表示企业尚未归还的短期借款额。

2. "长期借款"账户

长期借款是负债类账户,用来核算企业从银行或其他金融机构等借入的期限在一年以上的各种款项。贷方登记长期借款的增加数;借方登记长期借款的减少数;期末余额在贷方,表示企业尚未归还的长期借款额。

(二) 账务处理

【例3】向银行借入为期半年的借款 30 000 元,存入银行。作会计分录如下:

借:银行存款	30 000	
贷:短期借款		30 000

企业从各种渠道筹集的资金,应及时有效地运用到企业的生产经营活动中去,在企业的购、产、销三个过程中不断地循环周转,以充分发挥资金的效用。

> **取得借款的基本账务处理**
> 借:银行存款
> 　贷:短期借款
> 　　　长期借款

第二节 采购过程的核算

一、采购过程核算的主要内容

采购过程是指企业用货币资金购买材料等劳动对象,为产品生产进行物资准备的过程。采购过程通常从采购物资开始,至物资验收入库为止,是工业企业资金循环的第一阶段。采购过程核算的主要内容有以下几个方面:

第一,按照购销合同确定的价格和规定的结算方式确认和支付材料的买价及增值税进项税额;

第二,支付各项采购费用,如:将材料从供应单位运到企业仓库所发生的运输费、装卸搬运费、保险费等;

第三,计算确认材料采购成本;

第四,材料验收入库;

第五,与供应单位结清应付债务。

原材料的核算有按实际成本核算和按计划成本核算两种方法,在此只介绍按实际成本核算的方法。

二、设置账户

为了正确地反映材料的实际采购成本、增值税的计缴、监督与供应单位之间的货款结算等情况,需要设置如下账户。

(一) "在途物资"账户

"在途物资"是资产类账户,用来核算企业购入各种材料、物资的买价和采购费用,据以确定材料、物资的实际采购成本。借方登记购入材料、物资的买价和采购费用;贷方登记经验收入库转入"原材料"账户借方的材料、物资的实际采购成本;月末结转后一般无余额。如有借方余额,则为尚未验收入库的在途材料、物资。

"在途物资"账户应按购入材料的种类或品种设置明细账。

(二)"原材料"账户

"原材料" 是资产类账户,用来核算企业库存的各种材料的实际成本。借方登记经验收入库的各种材料的实际采购成本;贷方登记发出材料的实际成本;期末余额在借方,表示库存各种材料的金额。

"原材料"账户应按材料的品种、规格设置材料明细账。

(三)"应付账款"账户

"应付账款" 是负债类账户,用来核算企业因购买材料、物资和接受劳务等应付给供应单位的款项。贷方登记应付款项的增加数;借方登记应付款项的减少数;期末余额在贷方,表示企业尚未偿还的应付账款。

"应付账款"账户应按供应单位的名称设置明细账。

(四)"库存现金"账户

"库存现金" 是资产类账户,用来核算企业的库存现金。借方登记收到的现金;贷方登记支出的现金;期末余额在借方,表示现金的结存额。

三、账务处理

采购过程的主要经济业务是采购材料。在购进材料时,一般会发生购入材料时立即支付货款和暂欠货款两种情况;同时发生支付材料采购费用、支付增值税进项税额、结转材料实际采购成本等经济业务。为方便介绍基本业务,采购费用中发生的增值税暂不处理。

【例4】向四方工厂购入甲材料6 000千克,@14.00,计84 000元,增值税进项税额10 920元(增值税率13%,下同),款项以银行存款支付。作会计分录如下:

借:在途物资——甲材料　　　　　　　　84 000
　　应交税费——应交增值税(进项税额)　10 920
　　贷:银行存款　　　　　　　　　　　　　　　　94 920

【例5】以现金支付甲材料装卸费720元,以银行存款支付甲材料运费2 880元(不考虑运输费用的增值税抵扣,下同)。作会计分录如下:

借:在途物资——甲材料　　　　　　　　3 600
　　贷:库存现金　　　　　　　　　　　　　　　　720
　　　银行存款　　　　　　　　　　　　　　　　2 880

【例6】上项甲材料已验收入库,按其实际采购成本转账。作会计分录如下:

甲材料实际采购成本 = 84 000 + 3 600 = 87 600(元)

借:原材料——甲材料　　　　　　　　　87 600
　　贷:在途物资——甲材料　　　　　　　　　　87 600

【例7】向五华公司购入乙材料4 400千克,@5.50,计24 200元,增值税进项税额3 146元,材料采购费用820元,共计28 166元,货款尚未支付。乙材料已验收入库,按其实际采购成本转账。作会计分录如下:

乙材料实际采购成本 = 24 200 + 820 = 25 020(元)

借:在途物资——乙材料　　　　　　　　25 020
　　应交税费——应交增值税(进项税额)　3 146

  贷:应付账款——五华公司   28 166

  借:原材料——乙材料   25 020

    贷:在途物资——乙材料   25 020

【例8】以银行存款偿付前欠五华公司货款 29 134 元。作会计分录如下:

  借:应付账款——五华公司   28 166

    贷:银行存款   28 166

【例9】向六合工厂购入甲材料 3 000 千克,@14.00,计 42 000 元;乙材料 800 千克,@5.50,计 4 400 元,增值税进项税额共计 6 032 元,采购以上两种材料,发生共同采购费用 2 280 元,按重量比例分配后,甲材料负担 1 800 元,乙材料负担 480 元。全部款项以银行存款支付。作会计分录如下:

  借:在途物资——甲材料   43 800

       ——乙材料   4 880

    应交税费——应交增值税(进项税额) 6 032

    贷:银行存款   54 712

【例10】承前例,甲、乙两种材料验收入库,按其实际采购成本转账。作会计分录如下:

  借:原材料——甲材料   43 800

      ——乙材料   4 880

    贷:在途物资——甲材料   43 800

       ——乙材料   4 880

采购材料的基本账务处理

① 借:在途物资——×材料
   应交税费——应交增值税(进项税额)
  贷:银行存款
    (应付账款——×单位)

② 借:原材料——×材料
  贷:在途物资——×材料

四、材料采购成本的计算

(一)材料采购成本的构成

材料采购成本=买价+采购费用

  材料的买价是指从供货方取得的发票上列明的材料价款,可直接列入相关材料的采购成本。采购费用是指材料采购过程中发生的运杂费(运输费、装卸费、保险费、包装费、仓储费等)、运输途中的合理损耗、入库前的挑选整理费和相关税金。为了简化核算,实际工作中对一些本应计入材料采购成本的采购费用,如:采购人员的差旅费、市内采购材料的运杂费、专设采购机构的经费等,不计入材料采购成本,而作为"管理费用"支出。

课堂 DIY 4-1

  希希公司购入 D 材料 4 000 千克,@55.00,增值税率 13%,外地运杂费 600 元,一并以银行存款支付,另以现金支付市内运费 80 元。请作会计分录。

基础会计(第六版)

(二)材料采购成本的归集

材料采购中的成本计算的对象是材料的品种。一般情况下,材料的采购成本按品种通过"在途物资"账户归集。

买价——直接计入"在途物资——×材料"账户。

采购费用——对能分清材料品种的采购费用,直接计入"在途物资——×材料"账户;对不能分清材料品种的采购费用,采用一定的方法分配计入"在途物资——×材料"账户。

材料验收入库后,按归集的实际采购成本转入"原材料"账户。

(三)共同性采购费用的分配

对同时采购几种材料发生的共同采购费用,应采用合适的方法加以分配。

1. 分配标准

可根据材料的特点或采购费用的收费标准,选择重量、体积或买价作为分配标准。

2. 计算公式

$$材料采购费用分配率 = \frac{应分配的采购费用额}{采购材料的总重量(总体积或买价总额)}$$

$$\begin{array}{c}某种材料应分\\配的采购费用\end{array} = \begin{array}{c}该种材料的重量\\(体积或买价等)\end{array} \times \begin{array}{c}材料采购\\费用分配率\end{array}$$

3. 计算举例

上述【例9】中采购甲、乙两种材料共同发生的采购费用2 280元,按材料重量比例,计算甲、乙两种材料应摊配的采购费用如下:

$$材料采购费用分配率 = \frac{2\ 280}{3\ 000 + 800} = 0.6$$

甲材料应摊配的采购费用 = 3 000 × 0.6 = 1 800(元)

乙材料应摊配的采购费用 = 800 × 0.6 = 480(元)

甲材料采购成本 = 42 000 + 1 800 = 43 800(元)

乙材料采购成本 = 4 400 + 480 = 4 880(元)

(四)在途物资明细账和材料采购成本计算表

各种材料的实际采购成本,可以根据在途物资明细分类账的资料计算求得。在途物资明细分类账的借方按照材料采购成本的组成内容分项目列示,登记购入材料的实际采购成本;贷方登记经验收入库材料的实际采购成本。

现以【例4】至【例9】所述的会计事项,列示在途物资明细分类账的登记如表4-1和表4-2所示。

表4-1

在途物资明细分类账

材料名称:甲材料

| ××年 | | 凭证号数 | 摘 要 | 借方 | | | 贷方 | 余额 |
月	日			买价	采购费用	合计		
略	略	(4)	购入6 000千克@14.00	84 000		84 000		84 000
		(5)	运杂费		3 600	3 600		87 600
		(6)	结转实际采购成本				87 600	- 0 -
		(9)	购入3 000千克@14.00	42 000	1 800	43 800		43 800
		(10)	结转实际采购成本				43 800	- 0 -
			本期发生额及余额	126 000	5 400	131 400	131 400	- 0 -

基础会计(第六版)

表 4-2

在途物资明细分类账

材料名称：乙材料

| ××年 | | 凭证号数 | 摘要 | 借方 | | | 贷方 | 余额 |
月	日			买价	采购费用	合计		
略	略	(7)	购入 4 400 千克@5.50	24 200	820	25 020		25 020
		(7)	结转实际采购成本				25 020	－ 0 －
		(9)	购入 800 千克@5.50	4 400	480	4 880		4 880
		(10)	结转实际采购成本				4 880	－ 0 －
			本期发生额及余额	28 600	1 300	29 900	29 900	－ 0 －

根据以上在途物资明细分类账的记录，计算各种材料的实际采购总成本和单位成本，如表 4-3 所示。

表 4-3

在途物资成本计算表

单位：元

成本项目	甲材料(9 000 千克)		乙材料(5 200 千克)	
	总成本	单位成本	总成本	单位成本
买价	126 000	14.00	28 600	5.50
采购费用	5 400	0.60	1 300	0.25
材料采购成本	131 400	14.60	29 900	5.75

第三节　生产过程的核算

一、生产过程核算的主要内容

生产过程是指企业从材料投入生产到产品完工验收入库的过程，是工业企业资金循环的第二阶段。生产过程核算的主要内容有以下几个方面：

第一，领用原材料的核算；

第二，职工薪酬的核算；

第三，其他费用的核算(固定资产折旧、财务费用和其他一般费用)；

第四，制造费用的归集和分配；

第五，产品成本的计算；

第六，完工产品成本的结转。

在生产过程中，企业为生产产品所发生的各项生产费用，按其与产品的关系，可分为直接费用与间接费用。直接费用只与某种产品有关，可以直接计入产品成本，如：生产某种产品领用的原材料、生产工人的工资等。间接费用与多种产品有关，需要用一定的方法在各种产品之间进行分配后计入各有关的产品成本。在生产过程中还会发生期间费用。期间费用是指在会计期间为企业提供一定的生产条件，以保持企业产销能力而发生的费用，包括销售费用、管理费用和财务费用。

二、设置账户

为了反映和监督生产费用的发生和产品成本的形成情况,需要设置如下账户。

(一)"生产成本"账户

"生产成本"是成本类账户,用来核算企业在产品生产过程中所发生的一切费用并据以计算确定完工产品的实际生产成本。借方登记实际发生的生产费用;贷方登记已经生产完工验收入库的产成品的实际生产成本;期末借方余额为尚未完工的在产品的实际生产成本。"生产成本"期末余额归作"资产类"。

"生产成本"账户应按产品品种设置明细账。

(二)"制造费用"账户

"制造费用"是成本类账户,用来核算企业为生产产品和提供劳务发生的,不能直接计入产品成本的各项间接费用,包括企业各个生产单位(车间、分厂)为组织和管理生产所发生的管理人员工资和福利费,生产单位房屋建筑物、机器设备等折旧费,以及修理费、机物料消耗、水电费、办公费、差旅费、运输费、保险费等。借方登记实际发生的制造费用;贷方登记转入"生产成本"账户借方,应由各种产品成本负担的制造费用;该账户月末一般无余额。

"制造费用"账户应按生产单位设置明细账。

(三)"管理费用"账户

"管理费用"是损益类账户中的支出账户,用来核算企业的董事会和行政管理部门为组织和管理生产经营活动而发生的各项费用支出,具体包括:职工薪酬、折旧费、工会经费、业务招待费、土地使用税、房产税、车船使用税、印花税、技术转让费、聘请中介机构费、咨询费、诉讼费、开办费、无形资产和长期待摊费用摊销、职工教育经费、劳动保险费、董事会费、待业保险费、研究开发费、坏账损失等。借方登记实际发生的各项管理费用;贷方登记期末转入"本年利润"账户借方的管理费用;该账户月末无余额。

"管理费用"账户一般按费用项目设置多栏式明细账。

三、账务处理

(一)发出材料的核算

仓库发出材料,供企业在生产过程中耗用,包括直接制造产品用、生产管理部门一般耗用和行政管理部门耗用。

【例11】仓库根据当月领料凭证,编制材料耗用汇总表如表4-4所示。

表4-4

材料耗用汇总表

20××年3月31日   单位:元

用 途	甲材料(千克)			乙材料(千克)			金额合计
	数量	单价	金额	数量	单价	金额	
A产品耗用	3 500	14.60	51 100	3 000	5.60	16 800	67 900
B产品耗用	5 200	14.60	75 920	1 800	5.60	10 080	86 000
车间一般耗用	800	14.60	11 680				11 680
行政管理部门耗用				200	5.60	1 120	1 120
合 计	9 500	14.60	138 700	5 000	5.60	28 000	166 700

作会计分录如下：

借：生产成本——A 产品　　　　　67 900
　　　　　　——B 产品　　　　　86 000
　　制造费用　　　　　　　　　　11 680
　　管理费用　　　　　　　　　　 1 120
　　贷：原材料——甲材料　　　　　　　　　138 700
　　　　　　——乙材料　　　　　　　　　　 28 000

发出材料的基本账务处理

借：生产成本——×产品
　　制造费用
　　管理费用
　　贷：原材料——×材料

（二）职工薪酬的核算

职工薪酬是指企业为获得职工提供的服务而给予职工的各种形式的报酬，以及其他相关支出，包括职工在职期间和离职后提供给职工的全部货币性薪酬和非货币性薪酬。职工薪酬是企业必须付出的人力成本。

应付职工薪酬是指企业根据有关规定应付给职工的各种薪酬，包括职工工资、奖金、津贴和补贴、职工福利费，以及医疗、养老、失业、工伤、生育等社会保险费和住房公积金、工会经费、职工教育经费、非货币性福利等因职工提供服务而产生的义务。

职工薪酬既是支付给职工的劳动报酬，又是产品生产的劳动耗费，是生产费用的一部分。职工薪酬应根据职工提供服务的受益对象，分别计入有关的成本费用账户，如：生产工人职工薪酬计入"生产成本"账户、生产部门管理人员职工薪酬计入"制造费用"账户、行政管理部门人员职工薪酬计入"管理费用"账户等。

【例 12】根据职工工资结算凭证（工资单），按用途汇总本月应付工资如下：

① 生产工人工资：　　　　　　　　　　70 000 元
　　其中：制造 A 产品的生产工人工资　　　40 000 元
　　　　　制造 B 产品的生产工人工资　　　30 000 元
② 生产管理部门人员工资　　　　　18 000 元
③ 行政管理部门人员工资　　　　　32 000 元
　　　　合　计　　　　　　　　　 120 000 元

作会计分录如下：

借：生产成本——A 产品　　　　　40 000
　　　　　　——B 产品　　　　　30 000
　　制造费用　　　　　　　　　　18 000
　　管理费用　　　　　　　　　　32 000
　　贷：应付职工薪酬——工资　　　　　　　120 000

"应付职工薪酬"是负债类账户，用来核算企业应付职工薪酬的提取、结算、分配及使用情况。借方登记实际发放职工薪酬数额；贷方登记已分配计入有关成本费用项目的职工薪酬的数额；期末贷方余额，反映应付未付的职工薪酬。本账户应按"工资""职工福利""社会保险费"等进行明细核算。

【例 13】从银行提取现金 120 000 元，备发工资。作会计分录如下：

借：库存现金　　　　　　　　　　120 000
　　贷：银行存款　　　　　　　　　　　　 120 000

【例 14】以现金发放工资 120 000 元。作会计分录如下：

借：应付职工薪酬——工资　　　　120 000

　　　　贷:库存现金　　　　　　　　　　　　　　　　　120 000

也可通过银行直接转账支付员工工资,将【例13】、【例14】合并记录为:

借:应付职工薪酬——工资　　　　　120 000

　　　贷:银行存款　　　　　　　　　　　　　　　　　　120 000

职工薪酬核算的基本账务处理	
① 借:生产成本——×产品 　　　制造费用 　　　管理费用 　　　贷:应付职工薪酬——××	② 借:库存现金 　　　贷:银行存款 ③ 借:应付职工薪酬——×× 　　　贷:库存现金

(三)其他生产费用的核算

　　企业发生的其他生产费用,包括固定资产折旧费、保险费、租赁费、利息支出、办公费、水电费和差旅费等。这些费用一般都是先按发生地点归集,计入"制造费用""管理费用""财务费用"等账户。但如果生产耗用的燃料和动力费用,能够分清哪个产品耗用的,应该直接计入"生产成本"账户。

　　1. 固定资产折旧费用的核算

　　固定资产在使用过程中,由于发生损耗而转移到产品成本或费用中的价值,称为固定资产折旧。企业应根据固定资产的原始价值和核定的折旧率按月计提折旧。

　　【例15】按照规定的折旧办法,计提本月固定资产折旧24 600元。其中生产车间使用的固定资产折旧16 000元,行政管理部门使用的固定资产折旧8 600元。作会计分录如下:

借:制造费用　　　　　　　　　　　16 000

　　管理费用　　　　　　　　　　　　8 600

　　贷:累计折旧　　　　　　　　　　24 600

计提折旧的基本账务处理
借:制造费用 　　管理费用 　　贷:累计折旧

　　"累计折旧"是资产类账户,是"固定资产"的抵减账户,核算企业固定资产的累计折旧额。借方登记折旧的减少数或转销数;贷方登记折旧的增加数;期末贷方余额反映企业累计已提固定资产的折旧数额。

　　为了加强对长期资产的管理,企业的固定资产是用两个账户来进行核算的。其中"固定资产"账户用以记录和反映企业固定资产的原始价值,余额在借方;"累计折旧"账户用以记录和反映企业固定资产的损耗价值,余额在贷方。将"固定资产"账户的借方余额减去"累计折旧"账户的贷方余额即为固定资产净值。

　　2. 财务费用的核算

　　企业向银行存贷款需收付利息、委托银行转账收付款需支付费用、向银行购买结算凭证、发生的外币结算需通过银行进行外币兑换等,这些与银行之间的业务引起的费用称为财务费用,财务费用属于企业的期间费用。

　　【例16】向开户银行购买现金解款单5本,计30元,以银行存款支付。作会计分录如下:

借:财务费用　　　　　　　　　　　30

　　贷:银行存款　　　　　　　　　　　　　　　　　30

　　"财务费用"是损益类账户中的支出账户,核算企业为筹集生产经营所需资金而发生的费用,如:利息支出、利息收入和银行手续费等。借方登记实际发生的财务费用;贷方登记期末应转入"本年利润"账户借方的财务费用;该账户月末无余额。

【例17】预提本月份应付短期借款利息1200元。作会计分录如下:

借:财务费用　　　　　　　　　1 200

　　贷:应付利息　　　　　　　　　　　　　1 200

"应付利息"是负债类账户,核算企业按照合同约定应支付的借款利息。借方登记实际支付数额;贷方登记预提应付数额;月末贷方余额反映已经预提但尚未支付的利息费用。

【例18】以银行存款支付第三季度短期借款利息3 700元(该季度已预提短期借款利息3 600元)。作会计分录如下:

借:财务费用　　　　　　　　　100

　　应付利息　　　　　　　　　3 600

　　贷:银行存款　　　　　　　　　　　　　3 700

小知识 4-2

　　银行借款利息的支付办法有两种:一种是按季结息,另一种是到期还本付息。采用哪一种方法由双方约定,但根据权责发生制记账基础,企业都需按月计提当月应付的利息,到期按约定支付。

3. 一般费用的核算

【例19】以现金支付企业行政管理人员张菲暂借的差旅费1 000元。

企业有关人员预支差旅费,在尚未使用或报销以前,是一种应收、暂付款,不能作为费用入账。作会计分录如下:

借:其他应收款——张菲　　　　1 000

　　贷:库存现金　　　　　　　　　　　　　1 000

"其他应收款"是资产类账户,用来核算企业除销货款外的各种应收、暂付款项。借方登记各种其他应收款项的发生额;贷方登记收回的各种其他应收款;月末借方余额反映尚未收回的金额。

【例20】企业行政管理人员张菲报销差旅费860元,交回现金140元。作会计分录如下:

借:管理费用　　　　　　　　　860

　　库存现金　　　　　　　　　140

　　贷:其他应收款——张菲　　　　　　　　1 000

小思考 4-1

(1) 若【例20】中张菲报销差旅费1 200元,如何进行账务处理?

(2) 假设张菲是生产管理人员,则如何进行账务处理?

【例21】根据电力公司开具的电费增值税专用发票,本月应付电费15 630元,适用增值税率13%,计增值税额2 031.90元,以银行存款支付。

借:应付账款——供电部门　　　　　　　　15 630.00

　　应交税费——应交增值税(进项税额)　　2 031.90

　　贷:银行存款　　　　　　　　　　　　　17 661.90

月末按一定标准分配电费,其中制造A产品耗用2 800元,制造B产品耗用3 230元,生产管理部门耗用3 470元,行政管理部门耗用6 130元。作会计分录如下:

借:生产成本——A产品　　　　　　2 800

　　　　　　——B产品　　　　　　3 230

　　制造费用　　　　　　　　　　3 470

　　管理费用　　　　　　　　　　6 130

　　　　贷:应付账款——供电部门　　　15 630

电费支付和分配的基本账务处理

① 借:应付账款——供电部门

　　　应交税费——应交增值税(进项税额)

　　　　贷:银行存款

② 借:生产成本——×产品

　　　制造费用

　　　管理费用等

　　　　贷:应付账款——供电部门

【例22】以现金购买办公用品250元,其中生产车间领用100元,行政管理部门领用150元。作会计分录如下:

借:制造费用　　　　　　100

　　管理费用　　　　　　150

　　贷:库存现金　　　　　　　　250

(四)结转制造费用

制造费用是产品生产成本的组成部分,月末应将月份内归集的制造费用从"制造费用"账户的贷方分配转入"生产成本"账户的借方,结转后"制造费用"账户一般无余额。

【例23】结转本月份归集的制造费用49 250元(见图4-1的丁字账户),按一定方式分配后(见表4-5)A产品负担25 500元,B产品负担23 750元。作会计分录如下:

借:生产成本——A 产品　　25 500
　　　　　　　——B 产品　　23 750
　　贷:制造费用　　　　　　　　49 250

制造费用	
(11) 11 680	(23) 49 250
(12) 18 000	
(15) 16 000	
(21)　3 470	
(22)　　100	
发生额　49 250	发生额　49 250
余额　　−0−	

图 4-1　登记丁字账户示意

> **结转制造费用的基本账务处理**
> 借:生产成本——×产品
> 　贷:制造费用

(五) 结转完工产品成本

企业生产完工并已验收入库的产成品,应于月终按其实际生产成本转账。

【例24】本月 B 产品 1 000 件全部生产完工,并已验收入库,按其实际生产成本 149 280 元转账(B 产品本月发生的生产费用 142 980 元,加上月初在产品成本 6 300 元)。作会计分录如下:

　　借:库存商品——B 产品　　149 280
　　　贷:生产成本——B 产品　　　　149 280

> **结转完工产品成本的基本账务处理**
> 借:库存商品——×产品
> 　贷:生产成本——×产品

A 产品尚未生产完工,不作账务处理。

"库存商品"是资产类账户,用来核算企业库存的各种商品的实际成本。借方登记生产完成验收入库商品的增加数;贷方登记库存商品因销售等原因的减少数;期末借方余额为库存商品的结存额。

"库存商品"账户可按产品类别、品种设置明细账。

小知识4-3

月末产品生产情况有三种
　　　　　　全部完工　(要求学会)
　　　　　　全部未完工　(要求学会)
　　　　　　部分完工,部分未完工　(本课程不涉及)

四、产品生产成本的计算

企业为生产产品所发生的材料消耗、人工消耗、固定资产折旧和其他消耗在会计上称为生产费用。生产费用所体现出来的在产品通过生产,最终形成产成品。因此在生产过程中会计的首要任务是将已发生的生产费用按一定的标准进行分配、归集,然后将归集的生产费用在完工产品和在产品之间进行分配,计算出完工产品的制造总成本和单位产品成本。

(一) 确定成本计算对象

所谓成本计算对象,是指生产费用的归属对象。如要计算某种产品的成本,那么产品的品种就是成本计算对象;如要计算某批产品的成本,那么产品的批别就是成本计算对象。

确定成本计算对象,是设置产品成本明细账、归集生产费用、计算产品成本的前提,按产品品种计算产品成本是成本计算最基本的方法。

(二)按成本项目归集和分配生产费用

计入产品成本的生产费用在生产过程中的用途是不同的,有的直接用于产品生产,如:原材料、生产工人工资、动力用电等;有的间接用于产品生产,如:固定资产折旧、生产管理人员的工资及福利费等。为了进一步反映产品成本的构成,所有生产费用都要按产品成本项目列示到按产品种类设置的生产成本明细分类账户中。成本项目是生产费用按经济用途分类的项目。产品成本项目一般有以下三项:

(1)**直接材料** 指企业在生产过程中直接用于产品生产的材料。

(2)**直接人工** 指企业直接从事产品生产的工人薪酬。

(3)**制造费用** 指企业为生产产品而发生的各项间接费用。

按照制造成本法,只将直接材料、直接人工和制造费用计入产品成本。其中直接为生产产品和提供劳务发生的直接材料、直接人工,直接计入产品成本;企业生产管理部门为组织和管理生产发生的各项间接费用,平时归集在"制造费用"账户的借方,月末按照一定的标准分配计入各种产品成本。企业行政管理部门为组织和管理生产经营活动发生的管理费用、销售费用和财务费用,应当作为期间费用,直接计入当期损益。

(三)制造费用的分配

1. 分配标准

制造费用计入各种产品成本的分配标准主要有:各种产品的生产工时比例、各种产品的机器工时比例和各种产品的生产工人工资比例。

企业在选择某一种分配标准时,要考虑各种间接费用的发生与该种分配标准的相关性,即分配结果能否体现各种产品对制造费用的受益程度,以保证产品成本计算的准确性。

2. 分配公式

$$制造费用分配率 = \frac{制造费用总额}{生产工人工资(机器工时、生产工时)总数}$$

$$某种产品应分配的制造费用 = 某种产品生产工人工资(机器工时、生产工时) × 制造费用分配率$$

制造费用的计算分配通常使用专用的分配表。

【例25】承【例23】,本月份归集的制造费用49 250元,按生产工时分配。本月生产工时共计19 700小时,其中A产品10 200工时,B产品9 500工时。编制制造费用分配表如表4-5所示。

表4-5

制造费用分配表

产品名称	分配标准(生产工时)	分配率	分配金额(元)
A 产品	10 200	2.50	25 500
B 产品	9 500	2.50	23 750
合　计	19 700	2.50	49 250

制造费用分配率 = 49 250 ÷ 19 700 = 2.50

A产品应负担的制造费用 = 10 200 × 2.50 = 25 500(元)

B产品应负担的制造费用 = 9 500 × 2.50 = 23 750(元)

小思考4-2

若企业只生产一种产品,制造费用如何分配?如何进行账务处理?

(四) 生产成本明细账的登记

生产成本明细账应根据会计分录逐笔登记。现将生产过程有关会计事项登记生产成本明细账如表4-6和表4-7所示。

表 4-6

生产成本明细账

账户名称:A产品

××年		凭证号数	摘 要	成本项目			合 计
月	日			直接材料	直接人工	制造费用	
略	略	(11)	领用材料	67 900			67 900
		(12)	分配工资		40 000		40 000
		(21)	电费	2 800			2 800
		(23)	分配制造费用			25 500	25 500
			生产费用合计	70 700	40 000	25 500	136 200
			期末余额	70 700	40 000	25 500	136 200

表 4-7

生产成本明细账

账户名称:B产品

××年		凭证号数	摘 要	成本项目			合 计
月	日			直接材料	直接人工	制造费用	
略	略		期初余额	4 250	800	1 250	6 300
		(11)	领用材料	86 000			86 000
		(12)	分配工资		30 000		30 000
		(21)	电费	3 230			3 230
		(23)	分配制造费用			23 750	23 750
			生产费用合计	93 480	30 800	25 000	149 280
		(24)	结转完工产品成本	93 480	30 800	25 000	149 280
			期末余额	-0-	-0-	-0-	-0-

(五) 完工产品生产成本计算表

对于完工产品,应编制完工产品生产成本计算表,反映完工产品的数量、总成本、单位成本和成本构成,作为结转完工产品成本的依据。上例B产品的完工产品生产成本计算表如表4-8所示。此外,完工产品成本形成图如图4-2所示。

基础会计(第六版)

表 4-8

产品生产成本计算表

产品名称:B产品　　　　　　×× 年 ×× 月 ×× 日　　　　　　完工产量:1000

成本项目	直接材料	直接人工	制造费用	合　计
月初在产品成本	4 250	800	1 250	6 300.00
本月生产费用	89 230	30 000	23 750	142 980.00
合　计	93 480	30 800	25 000	149 280.00
完工产品成本	93 480	30 800	25 000	149 280.00
单位成本	93.48	30.80	25	149.28

```
制造费用                生产成本——×产品              库存商品——×产品

间接费用:    月末分配    直接材料   完工产品入库   商品入库
 一般耗材               直接人工            →
 生产管理人工            制造费用
 其他
                      余额:在产品
月末无余额
```

图 4-2　完工产品成本形成图

第四节　销售过程的核算

一、销售过程核算的主要内容

销售过程是企业资金循环的最后一个阶段。企业要将完工产成品尽快地销售出去,收回货币资金,以保证企业再生产的正常进行。

销售过程核算的主要内容有以下几个方面:

第一,反映销售收入并按销售收入的适用增值税率计收应交增值税(销项税额);

第二,反映应收账款的发生和收回情况;

第三,销售过程发生的销售费用,如:销售产品的包装费、运输费和广告费等;

第四,对应税消费品按销售收入和适用税率计算并缴纳消费税;

第五,月末结转已销产品成本。

小知识 4-4

　　消费税是国家对特定消费品和消费行为征收的一种税,目前规定对烟、酒及酒精、化妆品、贵重首饰及珠宝玉石、鞭炮焰火、成品油、摩托车、小汽车、高尔夫球及球具、高档手表、游艇、木制一次性筷子、实木地板、电池、涂料等产品征收消费税。

　　应注意的是:对于生产和销售产品的企业,增值税是价外税,不计入企业的损益,它的最终承担者是消费者;消费税是价内税,它直接减少企业的损益。

二、设置账户

为了正确、及时地反映产品的销售收入、销售成本、销售费用和销售税金,并计算和确定主营业务利润,需要设置以下几个账户。

(一)"主营业务收入"账户

"主营业务收入"是损益类账户中的收入账户,核算企业销售商品所发生的收入。贷方登记企业已售商品的销售收入;借方登记期末将本月商品销售收入结转"本年利润"账户贷方的数额,结转后应无余额。

(二)"应收账款"账户

"应收账款"是资产类账户,核算企业因销售商品和提供劳务等应向购货单位或接受劳务单位收取的款项。借方登记应收款项的增加数;贷方登记应收款项的减少数;期末借方余额为应收未收的金额。

(三)"主营业务成本"账户

"主营业务成本"是损益类账户中的支出账户,核算企业销售商品的成本。借方登记已销售商品的成本;贷方登记期末将本月销售成本转入"本年利润"账户借方的数额,结转后应无余额。

(四)"销售费用"账户

"销售费用"是损益类账户中的支出账户,核算企业在商品销售过程中所发生的费用,包括运输费、装卸费、包装费、保险费、展览费和广告费等。借方登记企业发生的商品销售费用;贷方登记期末将本月商品销售费用转入"本年利润"账户借方的数额,结转后应无余额。

(五)"税金及附加"账户

"税金及附加"是损益类账户中的支出账户,核算企业由于销售商品等应负担的有关税金及附加,包括消费税、城市维护建设税和教育费附加等。借方登记企业按照规定计算的应由主营业务负担的税金及附加;贷方登记期末转入"本年利润"账户借方的数额,结转后应无余额。

三、账务处理

在销售过程中发生的主要经济业务是销售商品,办理结算并收回货款及相应的增值税销项税额,结转销售成本,计算有关税金,计算主营业务利润。

【例26】 向七星工厂出售 A 产品 1 200 件,每件售价 128 元,计 153 600 元,按售价 13% 计算的增值税销项税额为 19 968 元,款项收到,存入银行。作会计分录如下:

借:银行存款　　　　　　　　　　　　173 568
　　贷:主营业务收入　　　　　　　　　　153 600
　　　　应交税费——应交增值税(销项税额)　　19 968

【例27】 向八仙公司销售 B 产品 2 600 件,每件售价 220 元,计 572 000 元,增值税销项税额 74 360 元,款项尚未收到。作会计分录如下:

借:应收账款——八仙公司　　　　　　646 360
　　贷:主营业务收入　　　　　　　　　　572 000
　　　　应交税费——应交增值税(销项税额)　　74 360

【例28】以银行存款支付A、B两种产品的广告费用5 020元(增值税略)。作会计分录如下：

借：销售费用　　　　　　　　　　　　　5 020

　　贷：银行存款　　　　　　　　　　　　　　　　　　5 020

【例29】月末，结转已销A、B产品的实际生产成本，其中：

A产品　1 200件　生产成本@86.00　　计103 200元

B产品　2 600件　生产成本@151.40　　计393 640元

　　　　合　计　　　　　　　　　496 840元

作会计分录如下：

借：主营业务成本　　　　　　　　　496 840

　　贷：库存商品——A产品　　　　　　　　　　103 200

　　　　　　——B产品　　　　　　　　　　393 640

【例30】若A产品为消费税应税产品，适用的消费税税率为5%，应按主营业务收入的5%计算消费税。

　A产品应交消费税=1 200×128×5%=7 680(元)

作会计分录如下：

借：税金及附加　　　　　　　　　　　　7 680

　　贷：应交税费——应交消费税　　　　　　　　　7 680

销售过程的基本账务处理	
1. 销售商品 借：银行存款(应收账款) 　　贷：主营业务收入 　　　　应交税费——应交增值税(销项税额) 2. 支付销售费用 借：销售费用 　　贷：银行存款(库存现金)	3. 结转已销商品成本 借：主营业务成本 　　贷：库存商品——×商品 4. 计算应交消费税 借：税金及附加 　　贷：应交税费——应交消费税

第五节　其他主要经济业务的核算

其他主要经济业务是指购、产、销三个经营过程以外的一些经济业务。这里主要介绍购入固定资产和无形资产的核算。

一、购入固定资产的核算

购入不需安装的固定资产的入账价值为购入时发生的买价、采购费用及安装费用。

【例31】九阳工厂购入不需安装的设备一台，增值税专用发票列明设备买价6 000元、增值税额780元，另支付运输和包装费计980元(增值税略)，款项均以银行存款付讫，设备已交付使用。作会计分录如下：

购入固定资产的账务处理
借：固定资产 　　应交税费——应交增值税(进项税额) 　　贷：银行存款等

借:固定资产   6 980

  应交税费——应交增值税(进项税额) 780

  贷:银行存款   7 760

二、购入无形资产的核算

购入无形资产的成本为购入时发生的全部价款,包括买价、相关税费,以及为使该项资产达到预定用途所发生的其他支出。

【例32】十全公司购入一项非专利技术,增值税专用发票列明该项非专利技术买价120 000 元,适用增值税率 6%,增值税额 7 200 元,以银行存款支付。作会计分录如下:

借:无形资产   120 000

  应交税费——应交增值税(进项税额) 7 200

  贷:银行存款   127 200

"无形资产"是资产类账户,用来核算企业所持有的无形资产成本。借方登记取得无形资产的成本;贷方登记出售无形资产转出的账面余额;期末余额在借方,表示企业现有无形资产的成本。

> **购入无形资产的账务处理**
> 借:无形资产
>   应交税费——应交增值税(进项税额)
> 贷:银行存款等

第六节 利润形成和利润分配的核算

一、利润形成的核算

(一)利润形成概述

利润或亏损是企业在一定时期的经营成果,是一项综合反映企业经营活动结果的重要经济指标。企业的利润按其形成过程可分为营业利润、利润总额和净利润三部分。

1. 营业利润

营业利润是指由企业经营业务而产生的利润,是企业利润的主要来源。

营业利润＝营业收入－营业成本－税金及附加－期间费用＋投资净收益

期间费用＝销售费用＋管理费用＋财务费用

营业收入包括主营业务收入和其他业务收入;营业成本包括主营业务成本和其他业务成本。

投资净收益是指企业以各种方式对外投资所取得的收入扣除投资损失后的余额。

2. 利润总额

利润总额＝营业利润＋营业外收支净额

营业外收支净额＝营业外收入－营业外支出

营业外收入是指企业确认的与其日常活动无直接关系的利得。具体包括:固定资产盘盈、处置固定资产收益、出售无形资产收益、罚款净收入、无法支付的应付款项等。

营业外支出是指与企业生产经营无直接关系的损失。具体包括:固定资产盘亏、处置固定资产净损失、出售无形资产损失、罚款支出、捐赠支出、自然灾害造成的财产物资非常损失等。

3. 净利润

企业当期实现的利润总额扣除依法计算缴纳的所得税费用后,为企业当期的税后利润即净利润。用公式表示:

$$净利润＝利润总额－所得税费用$$

利润形成核算的主要内容有:发生营业外收支业务、收支账户结转本年利润、计算并结转所得税等。

(二)设置账户

为了正确反映企业利润的形成情况,需要设置以下有关账户。

1. "营业外收入"账户

"营业外收入"是损益类账户中的收入账户,核算企业发生的与企业生产经营无直接关系的利得。贷方登记发生的营业外收入;借方登记期末将余额转入"本年利润"账户贷方的数额,结转后应无余额。

2. "营业外支出"账户

"营业外支出"是损益类账户中的支出账户,核算企业发生的与企业生产经营无直接关系的损失。借方登记发生的营业外支出;贷方登记期末将余额转入"本年利润"账户借方的数额,结转后应无余额。

3. "本年利润"账户

"本年利润"是所有者权益类账户,核算企业在本年度内实现的利润(或发生的亏损)总额。贷方登记主营业务收入、其他业务收入和营业外收入等收入转入额;借方登记主营业务成本、税金及附加、其他业务成本、销售费用、管理费用、财务费用、营业外支出和所得税费用等支出转入额。月末,余额在贷方,表示实现的利润;余额在借方,表示发生的亏损。年度终了,企业应将本年实现的利润总额或亏损总额,全部转入"利润分配——未分配利润"账户,结转后本账户应无余额。

4. "所得税费用"账户

"所得税费用"是损益类账户中的支出账户,核算企业按规定从本期损益中扣除的所得税。借方登记企业应缴纳的所得税;贷方登记期末将余额转入"本年利润"账户借方的数额;结转后应无余额。

(三)账务处理

1. 营业外收支的核算

【例33】应付王安公司的2 300元劳务费,因该公司已注销,无法支付,经批准予以转销。作会计分录如下:

```
借:应付账款——王安公司          2 300
    贷:营业外收入                        2 300
```

【例34】以银行存款支付当年纳税滞纳金1 200元。作会计分录如下:

```
借:营业外支出                1 200
    贷:银行存款                          1 200
```

营业外收支发生的基本账务处理	
① 借:营业外支出 　　贷:银行存款等有关科目	② 借:银行存款等有关科目 　　贷:营业外收入

2. 收支账户结转"本年利润"账户

月末,将所有损益类账户的余额(除"所得税费用"账户外)结转"本年利润"账户,以计算利润总额。结转后,这些损益类账户无余额。

【例35】月末结转时,损益类账户余额如表 4-9 所示:

表 4-9

账户名称	借方余额	贷方余额
主营业务收入		725 600
营业外收入		2 300
投资收益		500
主营业务成本	496 840	
税金及附加	7 680	
销售费用	5 020	
管理费用	53 860	
财务费用	3 800	
营业外支出	1 200	
合　计	568 400	728 400

作会计分录如下:

① 将收入类账户余额全部转入"本年利润"账户贷方:

借:主营业务收入　　　　　　725 600
　　营业外收入　　　　　　　　2 300
　　投资收益　　　　　　　　　　500
　　贷:本年利润　　　　　　　　　　　　　728 400

② 将支出类账户余额全部转入"本年利润"账户借方:

借:本年利润　　　　　　　　568 400
　　贷:主营业务成本　　　　　　　　　　496 840
　　税金及附加　　　　　　　　　　　　7 680
　　销售费用　　　　　　　　　　　　　5 020
　　管理费用　　　　　　　　　　　　　53 860
　　财务费用　　　　　　　　　　　　　3 800
　　营业外支出　　　　　　　　　　　　1 200

"本年利润"账户贷方发生额与借方发生额的差额即为当月的利润(亏损)总额。本例中:

利润总额 = 728 400 − 568 400 = 160 000(元)

收支结转"本年利润"账户基本账务处理	
① 收入类账户余额转入"本年利润"账户贷方 借:主营业务收入 　　营业外收入 　　投资收益 　　贷:本年利润	② 支出类账户余额转入"本年利润"账户借方 借:本年利润 　　贷:主营业务成本 　　　　税金及附加 　　　　销售费用 　　　　管理费用 　　　　财务费用 　　　　营业外支出

3. 所得税费用的核算

企业所得税是以企业的应纳税所得额为征税对象的税种,盈利的企业都要按实现利润总额为基数计算应纳税所得额,再按规定的所得税税率计算缴纳所得税。其计算公式为:

$$应纳税所得额＝利润总额 \pm 国家规定的调整项目$$
$$应纳所得税额＝应纳税所得额 \times 适用税率$$

【例36】承前例,因本公司没有应纳税所得额调整项目,故利润总额即为应纳税所得额,按企业所得税税率25%计算应纳所得税,作会计分录如下:

应纳所得税额＝160 000×25%＝40 000(元)

借:所得税费用　　　　　　　　　　　　　　40 000
　　贷:应交税费——应交所得税　　　　　　　　　　　40 000

同时,将所得税费用结转"本年利润"账户借方。

借:本年利润　　　　　　　　　　　　　　　40 000
　　贷:所得税费用　　　　　　　　　　　　　　　　40 000

净利润＝160 000－40 000＝120 000(元)

所得税费用核算的基本账务处理	
① 借:所得税费用 　　贷:应交税费——应交所得税	② 借:本年利润 　　贷:所得税费用

二、利润分配的核算

(一)利润分配概述

企业对净利润的分配,一般分两步进行:一是提取盈余公积,二是向投资者分配利润,尚未分配部分为未分配利润。

1. 提取盈余公积

按照《中华人民共和国公司法》规定,企业应按净利润的10%提取法定盈余公积。

2. 向投资者分配利润

期末可根据可供分配利润的数额,经相关责任主体同意向投资者分配利润。

3. 未分配利润

期初未分配利润＋本期净利润－利润分配＝期末未分配利润。

（二）设置账户

1. "利润分配"账户

"利润分配"是所有者权益类账户，是"本年利润"账户的抵减账户，核算企业利润的分配（或亏损的弥补）和历年分配（或弥补）后的积存余额。它的借方登记提取的盈余公积金、应付股利及由"本年利润"账户转入的本年累计亏损数；贷方登记盈余公积弥补的亏损数及年末由"本年利润"账户转来的本年累计的净利润数；其贷方余额表示历年累计未分配利润；借方余额表示历年累计未弥补亏损。

"利润分配"账户下设置"提取法定盈余公积""应付股利""未分配利润"等明细账户。

2. "盈余公积"账户

"盈余公积"是所有者权益类账户，核算企业从净利润中提取的盈余公积。贷方登记提取数；借方登记用盈余公积弥补亏损或转增资本数；期末贷方余额表示盈余公积结余数。

"盈余公积"账户下设置"法定盈余公积"、"任意盈余公积"等明细账户。

3. "应付股利"账户

"应付股利"是负债类账户，核算企业应付给投资者的利润。借方登记应付利润的减少数；贷方登记应付利润的增加数；期末贷方余额为未支付的利润数。

（三）账务处理

【例37】承前例，按净利润 120 000 元的 10% 提取法定盈余公积。计算并作会计分录如下：

应提取法定盈余公积＝120 000×10%＝12 000（元）

借：利润分配——提取法定盈余公积　　　　　　　　　　12 000

　　贷：盈余公积——法定盈余公积　　　　　　　　　　　　　　　12 000

【例38】按本年度实现净利润的 60% 计算应付给投资者的利润计 72 000 元。作会计分录如下：

应付股利＝120 000×60%＝72 000（元）

借：利润分配——应付股利　　　　　　　　　　　　　　72 000

　　贷：应付股利　　　　　　　　　　　　　　　　　　　　　　72 000

利润分配的基本账务处理	
① 借：利润分配——提取法定盈余公积 　　贷：盈余公积——法定盈余公积	② 借：利润分配——应付股利 　　贷：应付股利

三、利润及利润分配账户的年终结转

年末还需将"本年利润"账户的余额和"利润分配"账户除"未分配利润"以外的其他明细账余额结转"利润分配——未分配利润"账户，结转后"本年利润"账户应无余额，"利润分配"账户只"未分配利润"二级账户有余额。"未分配利润"二级账户的贷方余额表示未分配利润；借方余额表示未弥补亏损。

（一）将"本年利润"账户余额结转"利润分配——未分配利润"账户

【例39】承【例36】，将"本年利润"账户的贷方余额 120 000 元结转"利润分配——未分配利润"账户。作会计分录如下：

借:本年利润   120 000
  贷:利润分配——未分配利润   120 000

（二）将"利润分配——提取法定盈余公积"账户余额结转"利润分配——未分配利润"账户

【例40】承【例37】，将"利润分配——提取法定盈余公积"账户的借方余额12 000元结转"利润分配——未分配利润"账户。作会计分录如下：

借:利润分配——未分配利润   12 000
  贷:利润分配——提取法定盈余公积   12 000

（三）将"利润分配——应付股利"账户余额结转"利润分配——未分配利润"账户

【例41】承【例38】，将"利润分配——应付股利"账户的借方余额72 000元结转"利润分配——未分配利润"账户。作会计分录如下：

借:利润分配——未分配利润   72 000
  贷:利润分配——应付股利   72 000

利润及利润分配账户的年终结转的基本账务处理	

① 借:本年利润
  贷:利润分配——未分配利润
	② 借:利润分配——未分配利润
	  贷:利润分配——提取法定盈余公积
	      ——应付股利

第七节　资金退出企业的核算

工业企业的资金，经历了购、产、销三个环节以后，部分资金会退出企业，不再参加企业的生产周转，如:缴纳税金、支付分配给投资者的利润、按期归还借款和偿还暂欠款项等。资金退出企业是资金运动的终点。

一、交纳税费

工业企业应交的税费，主要有增值税、消费税，以及按照企业的应纳税所得额计算的所得税等。税费上交国家后，这部分资金就退出了企业。

【例42】以银行存款交纳应交消费税7 680元和应交所得税52 800元。作会计分录如下：

借:应交税费——应交消费税   7 680
    ——应交所得税   52 800
  贷:银行存款   60 480

二、支付利润

实际支付投资者利润时，这部分资金也退出企业。

【例43】以银行存款支付分配给投资者利润64 320元。作会计分录如下：

基础会计（第六版）

借:应付股利——某投资者　　　　　　　　　　64 320
　　贷:银行存款　　　　　　　　　　　　　　　　　　　　64 320

三、归还借款

向银行或其他金融机构借款,是企业筹集资金的一条重要渠道。归还借款,则表示资金退出企业。

【例44】以银行存款偿还长期借款 80 000 元,利息820 元。作会计分录如下:

借:长期借款　　　　　80 000
　财务费用　　　　　　　820
　　贷:银行存款　　　　　　　　　80 820

> **资金退出企业的基本账务处理**
> 借:应交税费——应交××税
> 　　应付股利——某投资者
> 　　长(短)期借款
> 　　贷:银行存款

第五章　会计凭证

【学习目标】

　　填制和审核会计凭证是会计核算工作的初始阶段和基本环节，是会计核算的专门方法之一。通过本章的学习，应理解会计凭证的相关概念及基本分类，学会依据原始凭证填制专用和通用记账凭证，初步学会会计凭证的审核和装订。

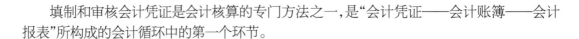

第一节　会计凭证概述

填制和审核会计凭证是会计核算的专门方法之一,是"会计凭证——会计账簿——会计报表"所构成的会计循环中的第一个环节。

一、会计凭证的意义

(一)会计凭证的概念

会计凭证是记录经济业务、明确经济责任,作为记账依据的书面证明,包括纸质会计凭证和电子会计凭证。企业和行政、事业等单位发生任何一项经济业务都必须按照规定的程序和要求取得或填制会计凭证,以书面形式反映经济业务的发生或完成情况。经过审核无误的会计凭证,是登记账簿的依据。

(二)会计凭证的意义

会计凭证的填制和审核,对于正确进行会计核算和会计监督具有十分重要的意义。

1. 证明会计事项的真实性

会计事项的发生、完成,要有合法合理、真实可靠的会计凭证为依据,并应得到会计事项各方操作者的证实。例如,材料采购业务从发生到完成,应取得供货方的销售发票、本单位支付货款的支票存根或其他付款凭证和材料入库单等。凭证上填列的内容经过参与经济活动各方的认可,如:销货方、银行等,具有"公允"的特点。因此,会计凭证的首要作用是保证核算内容的客观性。

2. 审核会计事项的合法性和合理性

会计凭证在记账之前要经过主管会计人员的审核,以确认每笔经济业务是否符合国家有关方针、政策、法令和财经制度,有无违法乱纪和铺张浪费行为,只有审核通过的会计凭证才能进入下一个核算程序,从而保证经济业务的合法性和合理性,保护单位财产的安全和完整。

3. 明确经济责任

一切会计凭证都要由经办业务手续的有关部门和人员签章。因此,通过会计凭证就可以明确划分有关部门和人员的经济责任,有利于加强经营管理岗位责任制,促使其严格按照政策、法令、制度、计划和预算办事。同时,当经济业务出现问题或纠纷时,也可以依据会计凭证分清经济责任,作出适当处理。

二、会计凭证的种类

会计凭证按其填制程序和用途不同,可分为原始凭证和记账凭证两大类。

原始凭证也称单据,是在经济业务发生或完成时取得或填制的,用以记录或证明经济业务的发生或完成情况、明确经济责任,是具有法律效力的书面证明,是编制记账凭证的依据。

记账凭证俗称传票,是会计人员根据审核无误的原始凭证编制的,用以分类反映会计要素增减变化,确定会计分录,作为记账依据的书面证明。

第二节　原始凭证

一、原始凭证的种类

原始凭证按其来源不同可分为外来原始凭证和自制原始凭证。

(一) 外来原始凭证

外来原始凭证是指从其他单位或个人取得的凭证。如:购货时由供货单位开具的增值税专用发票(格式如图 5-1 所示)、普通发票及对外支付款项时所取得的收据和各种银行结算凭证(格式如图 5-2 所示)等。

XX增值税普通发票

4400091620　　№ 03115367

开票日期：2023年10月23日

验证码 70924 22300 55541 01570

购货单位	名　称： 纳税人识别号： 地址、电　话： 开户行及账号：	密码区	204/0<8>2>7/9-76469>< 627771/8441730<682+76 *7*9582/+>5-377360>2> 22>481225<08-737>>*+	加密版本：01 4400091620 03117365

货物或应税劳务名称	规格型号	单位	数量	单价	金额	税率	税额
遥控器		个	1	109.4017094	109.40	17%	18.60
合　计					¥109.40		¥18.60
价税合计（大写）	⊗壹佰贰拾捌圆整				¥128.00		

销货单位	名　称：XX市众合商务实业有限公司 纳税人识别号：441197619776678 地址、电　话：XX市荔城街蒋村 82613445 开户行及账号：XX市农村信用合作联社荔乡分设 375785001000029535	备注	XX市众合商务实业有限公司 441197619776678 发票专用章

收款人：xxx　　复核：xxx　　开票人：xxx　　销售单位：（章）

第二联　发票联　购货方记账凭证

国税函［2008］982 南南华森实业公司

图 5-1　增值税专用发票票样

XX银行 进账单（回　单）　1

年　月　日

出票人	全　称		收款人	全　称	
	账　号			账　号	
	开户银行			开户银行	
金额	人民币（大写）				亿 千 百 十 万 千 百 十 元 角 分
票据种类		票据张数			
票据号码					
复核　记账			开户银行签章		

此联由收款人开户银行作贷方凭证

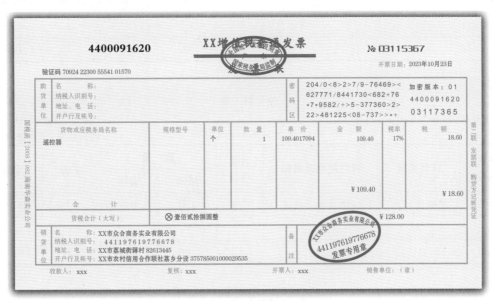

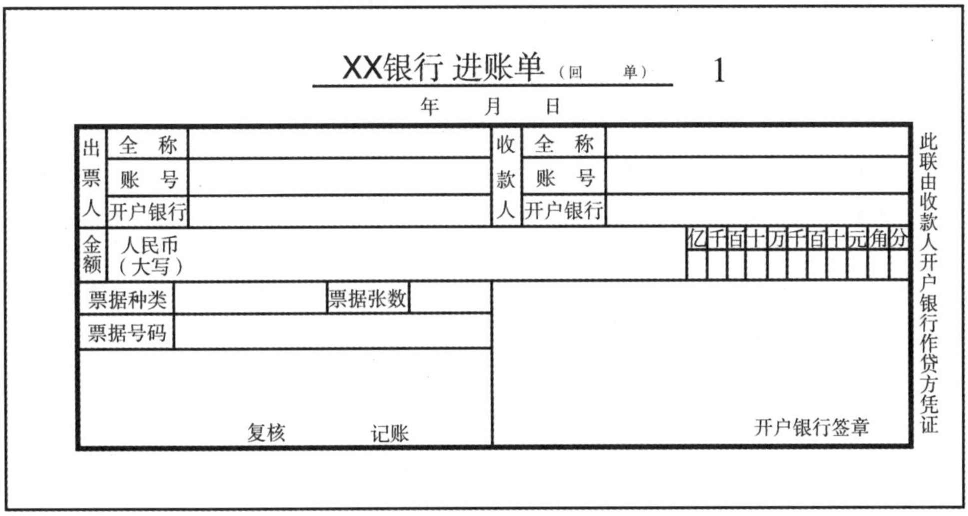

图 5-2　银行进账单示例

（二）自制原始凭证

自制原始凭证是在经济业务发生或完成时,由本企业有关人员自行填制的原始凭证。如:验收货物的"收料单"(格式如表 5-1 所示)、领用材料的"领料单"(格式如表 5-2 所示),产品入库时的"产品入库单"(格式如表 5-3 所示),销售商品的"销货发票"存根,还有"工资单"等。

表 5-1

收 料 单

供货单位:华夏公司　　　　　　　　　　　　　　　　　　　　　　　　编号:0501

发票号码:×××　　　　　　　20××年5月6日　　　　　　　收料仓库:第一仓库

材料编号	材料类别	材料规格及名称	计量单位	数　量		单价	金额
				应收	实收		
1052	羊毛开司米	32支羊毛开司米	千克	300	300	40.00	12 000.00
合　计				300	300		12 000.00

表 5-2

领 料 单

领料部门:第二车间　　　　　　　　　　　　　　　　　　　　　　　　编号:0422

用途:生产用　　　　　　　　　20××年5月8日　　　　　　　收料仓库:第一仓库

材料编号	材料类别	材料规格及名称	计量单位	数　量		单价	金额
				请领	实领		
0202	腈纶开司米	24支腈纶开司米	千克	100	100	28.00	2 800.00
合　计				100	100		2 800.00

表 5-3

产品入库单

编号:0611

交库单位:第二车间　　　　　　　20××年5月10日　　　　　　　产品仓库:第二仓库

产品编号	产品名称	规格	单位	交付数量	检验结果		实收数量	单价	金额
					合格	不合格			
260	女羊毛衫	100 cm	件	50	√		50	110.00	5 500.00
261	女羊毛衫	110 cm	件	30	√		30	110.00	3 300.00
合　计				80			80		8 800.00

自制原始凭证按填制手续不同可分为一次凭证和累计凭证。

1. 一次凭证

一次凭证是指一次完成填制手续的原始凭证。如:收料单、产品入库单、销货发票存根等。

2. 累计凭证

累计凭证是指在一张凭证中经多次填制,记载同类重复发生的经济业务的原始凭证。

基础会计(第六版)

典型的累计凭证是"限额领料单"。"限额领料单"是为简化手续而设计的领料单,设定领用限额后,在一定时期内可随时在限额内领料,期末根据实际领用数记账。其一般格式如表5-4所示。

表5-4

限额领料单

领料部门:　　　　　　　　　　　　　　　　　　　　　　　　　　　　　编号:
用途:　　　　　　　　　　　　　　　年　月　　　　　　　　　　　　收料仓库:

材料编号	材料类别	材料规格及名称	计量单位	领用限额	实际领用	单价	金额	备注

采购部门负责人:　　　　　　　　　　　生产计划部门负责人:

日期	数量		领料人签章	发料人签章	扣除代用数量	退料			限额结余
	请领	实发				数量	收料人	退料人	
合计									

二、原始凭证的填制和审核

(一)原始凭证的基本要素

由于原始凭证来源是多方面的,它们所反映的经济业务内容各不相同,所以各单位使用的原始凭证格式及其具体内容也是多种多样的。为了正确反映经济业务,明确各有关部门、人员在完成业务手续中的责任,原始凭证一般应具备下列基本要素:

第一,原始凭证的名称及编号;

第二,填制原始凭证的日期;

第三,经济业务的内容、数量、计量单位、单价、金额;

第四,接受凭证单位的名称;

第五,填制凭证单位的名称、公章以及有关人员的签章。

凡无法证明经济业务已经完成的文件或证明,不能作为会计凭证,但可以作为会计凭证的附件。如经济合同、银行对账单、盘存单和生产通知单等。

(二)原始凭证的填制要求

原始凭证是会计核算的基础。为保证会计核算的质量,填制原始凭证时必须做到:

1. 真实正确

原始凭证必须严格按照实际发生的会计事项填制,不能估计匡算,更不得弄虚作假。经办人员和有关部门负责人都要在凭证上签字和盖章,对凭证的真实性和正确性负责。文字和数字的书写应清晰易辨。原始凭证金额填错,应由出具单位重开,不得在原始凭证上更正。原始凭证有其他错误的,应由出具单位重开或者更正,更正处应当加盖出具单位印章。

2. 内容完整

原始凭证应按其设计项目逐项填写齐全,不可缺漏。原始凭证一般都要连续编号,以备查考。一些事先编好号码的重要凭证,作废时应加盖"作废"戳记连同存根一起保存,不得随意销毁。

3. 及时填制

原始凭证必须在经济业务发生或完成时及时填制,并按规定程序将原始凭证送交财会部门,以保证后续会计工作及时进行。

4. 规范填写

第一,阿拉伯数字应当逐个书写,不得连笔写。阿拉伯金额数字前面,应填写货币符号,如:1 000 元人民币为￥1 000.00;800 美元为 USD800.00。

第二,所有以元为单位的阿拉伯数字,除表示单价等情况外,一律填写到角分;无角分的,角位和分位都应写"0"。

第三,汉字大写金额数字(如:零、壹、贰、叁、肆、伍、陆、柒、捌、玖、拾、佰、仟、万、亿等)应用正楷或行书填写,不得用另(或 0)、一、二、三、四、五、六、七、八、九、十等简化字或自造简化字代替。大写金额数字到"元"为止的,在"元"字之后,须写"整"字;到"角"为止的,在"角"字之后,可写"整"字,也可不写"整"字;到"分"为止的,"分"之后则不写"整"字。

第四,大写金额数字前未印有货币名称的,应当加填货币名称,货币名称与金额数字之间不得留有空白。如:人民币贰万伍仟元零叁角整。

第五,阿拉伯金额数字中间有"0"时,汉字大写金额要写"零"字。如:"￥4 503.07"应写成"人民币肆仟伍佰零叁元零柒分";阿拉伯数字中间连续有几个"0"时,汉字大写金额中间只需写一个"零"。如:"￥8 008.84"应写成"人民币捌仟零捌元捌角肆分";阿拉伯数字元位是"0"角位不是"0",或者数字中间连续有几个"0"且元位也是"0",但角位不是"0"时,汉字大写金额中可以只写一个"零",也可以不写。如:"￥1 250.68"应写成"人民币壹仟贰佰伍拾元零陆角捌分",或者写成"人民币壹仟贰佰伍拾元陆角捌分";"￥98 000.12"应写成"人民币玖万捌仟元零壹角贰分"或者写成"人民币玖万捌仟元壹角贰分"。

第六,银行票据及结算凭证的出票日期必须使用汉字大写。为防止变造票据的出票日期,在填写月、日时,月为壹、贰和壹拾的,日为壹至玖和壹拾、贰拾和叁拾的,应在其前加"零";日为拾壹至拾玖的,应在其前加"壹"。如:"5 月 16 日"应写成"伍月壹拾陆日","10 月 20 日"应写成"零壹拾月零贰拾日"。票据出票日期使用小写填写的,银行不予受理。大写日期未按规范填写的,银行可予受理,但因此造成的损失,由出票人自行承担。

以支票为例说明,如图 5-3 所示。

图 5-3 支票票样

小知识 5-1

国内转账支付的方式目前有三票一卡三式：

三票：支票、本票和汇票(银行汇票、商业汇票)；

一卡：信用卡；

三式：汇兑、托收承付和委托收款。

课堂 DIY 5-1

请用汉字大写写出金额：1 369 002. 50 元。

人民币(大写)：

请用汉字大写写出日期：2023. 2. 20。

出票日期(大写)：

(三) 原始凭证的审核

原始凭证的审核是保证会计信息真实正确和合法的前提，是充分发挥会计监督作用的重要环节。只有经过会计人员审核无误的原始凭证才能作为记账的依据。原始凭证的审核内容主要包括以下三个方面：

1. 审核原始凭证的真实性

审核原始凭证日期、业务内容及相关数据是否真实，对于通用原始凭证，还应审核凭证本身的真实性，以防作假。

2. 审核原始凭证的完整性、正确性

审核原始凭证各项内容是否填写齐全，是否盖有公章；接受单位是否为本单位；公章与填制单位名称是否相符；日期填写是否正确；发票内品名、数量、单价、金额是否填错或计算错误；大写金额和小写金额是否相符；有关部门和人员的签章是否齐全。

3. 审核原始凭证的合理性、合法性

审核原始凭证中反映的经济业务是否符合国家和有关部门的政策、法令、制度、规定和本单位的计划、预算等有关文件。

会计人员对记载不准确、不完整的原始凭证予以退回，并要求有关部门按照国家统一的会计制度的规定补充、更正；对不真实、不合法的原始凭证有权不予接受，并向单位负责人报告。

三、原始凭证汇总表

原始凭证汇总表是为方便编制记账凭证，对一定时期内经济业务相同而数量较多的原始凭证汇总编制而成的凭证，如：发出材料汇总表、销货日报等。编制原始凭证汇总表可定期或不定期进行，但最长不得超过一个月。原始凭证汇总表是编制记账凭证的依据，其所汇总的原始凭证可以附在汇总表的后面，如数量过多，也可单独保管。发出材料汇总表的格式如表 5-5 所示。

表 5-5

发出材料汇总表

20××年5月1~10日

会计科目	领料部门	领料单张数	甲材料	乙材料	××	合计
生产成本	A产品	22	38 000			38 000
	B产品	25	42 000			42 000
	小计	47	80 000			80 000
制造费用	一车间	12	2 300	3 200		5 500
	二车间	14	1 920	2 800		4 720
	小计	26	4 220	6 000		10 220
管理费用	厂部	8	780	320		1 100
合　计		81	85 000	6 320		91 320

第三节　记账凭证

一、记账凭证的种类

记账凭证按填制的方法可分为复式记账凭证和单式记账凭证。

(一)复式记账凭证

复式记账凭证是指在一张记账凭证上记载一项会计事项涉及到的全部会计科目。也就是说一笔会计事项不论涉及几个会计科目都填在一张记账凭证上。

复式记账凭证按其用途不同分类,可分为专用记账凭证和通用记账凭证两种。

1. 专用记账凭证

专用记账凭证是指为记录专门类别的会计事项而设计的记账凭证。专用记账凭证可分为收款凭证、付款凭证和转账凭证。

(1)**收款凭证**　收款凭证是用于反映库存现金和银行存款收款业务的记账凭证,它又可分为现金收款凭证和银行存款收款凭证。收款凭证是根据记录现金或银行存款收入业务的原始凭证填制的。现金收款凭证的一般格式如表5-9所示。

(2)**付款凭证**　付款凭证是用于反映库存现金和银行存款付款业务的记账凭证,它又可分为现金付款凭证和银行存款付款凭证。付款凭证是根据记录现金或银行存款支付业务的原始凭证填制的。银行存款付款凭证的一般格式如表5-10所示。

(3)**转账凭证**　转账凭证是用于反映不涉及货币资金收付的转账业务的记账凭证。转账凭证是根据转账业务的原始凭证填制的。转账凭证的一般格式如表5-11所示。

在采用专用记账凭证的情况下,对于库存现金与银行存款之间相互划转的会计事项,如向银行提取现金、将现金送存银行,一般只填制一张付款凭证凭以记账,以付方为主处理。

譬如，提现业务——填制“银行存款付款凭证”；现金解行业务——填制“现金付款凭证”。

2. 通用记账凭证

通用记账凭证是指可记录不同性质的会计事项的记账凭证。通用凭证的一般格式如表5-6所示。

表 5-6

记账凭证

总号	
分号	

年　　月　　日　　　　　　附件　　　　张

摘　要	一级科目	二级及明细科目	过账	借方金额										贷方金额									
				千	百	十	万	千	百	十	元	角	分	千	百	十	万	千	百	十	元	角	分
		合计																					

上海立信会计账册纸品公司出品　编号　139-30

账会主管　　　　　　复核　　　　　　记账　　　　　　制单

复式记账凭证的优点是能集中反映所涉及账户的对应关系，便于了解会计事项的全貌，而且附件集中，便于复核和查找差错。缺点是不便于按会计科目汇总金额和分工记账。

课堂 DIY 5-2

根据表5-5发出材料汇总表资料填制表5-6记账凭证。

（二）单式记账凭证

单式记账凭证是指按每一会计事项所涉及到的每个会计科目，分别填制记账凭证，即每张记账凭证只填列一个会计科目。单式记账凭证按其登记的内容不同可分为借项凭证和贷项凭证。借项凭证是指填列借方会计科目和金额的记账凭证；贷项凭证是指填列贷方会计科目和金额的记账凭证。单式记账凭证的格式如表5-7、表5-8所示。

表 5-7

借项凭证

总号	
分号	

对方科目：　　　　　　　　　　　　　年　　月　　日

摘　要	一级科目	明细科目	√	金　额									
				千	百	十	万	千	百	十	元	角	分
合　计													

财务主管　　　记账　　　　出纳　　　　　复核　　　　　　制单

表 5-8

贷项凭证

总号	
分号	

对方科目：　　　　　　　　　　　　　年　　月　　日

摘　要	一级科目	明细科目	√	金　额									
				千	百	十	万	千	百	十	元	角	分
合　计													

财务主管　　　记账　　　　出纳　　　　　复核　　　　　　制单

　　为了反映会计事项的来龙去脉，一笔会计事项编制一个总号，涉及几张凭证时可用分号衔接。如一笔会计事项总号为 5，使用 3 张凭证，其编号分别为 $5\frac{1}{3}$；$5\frac{2}{3}$；$5\frac{3}{3}$。

　　单式记账凭证的优点是便于编制科目汇总表和分工记账，缺点是制证工作量大，不能在一张凭证上反映会计事项的全貌，不便于查账。

课堂 DIY 5-3

　　根据表 5-1 至表 5-3 的原始凭证填制表 5-7 至表 5-8 的单式记账凭证。

二、记账凭证的填制

　　填制记账凭证是一项重要的会计工作。填制出现错误，不仅会影响到账簿登记，还会影响费用汇集、成本计算和会计报表编制等工作。现将记账凭证的填制方法和要求说明如下。

（一）记账凭证的内容

记账凭证的种类很多，格式不一，但其主要作用都是对原始凭证进行分类整理，按照复式记账的要求，编制会计分录，据以登记账簿。因此，记账凭证必须具备以下基本内容：

第一，记账凭证的名称；

第二，填制记账凭证的日期和凭证的编号；

第三，经济业务的摘要；

第四，会计分录（借贷方向、会计科目名称和金额）；

第五，所附原始凭证的张数；

第六，会计主管、记账、复核、制单和出纳等人员的签章。

（二）记账凭证的填制方法

1. 记账凭证的填制依据

记账凭证必须根据审核无误的原始凭证填制，可根据每一张原始凭证填制，也可以根据若干张同类原始凭证汇总填制，还可以根据原始凭证汇总表填制。

2. 确定选用何种记账凭证

会计人员在取得经过审核的原始凭证后，首先应根据经济业务的性质，确定应使用的记账凭证，如：收款凭证、付款凭证或转账凭证。经济业务不多，特别是收支业务不多的单位可以使用通用记账凭证。库存现金或银行存款收付的业务，应使用收付款凭证；不涉及库存现金和银行存款的业务，应使用转账凭证。

3. 日期的填写

一般可以有三种情况。

（1）制证当天日期，如：报销差旅费业务。

（2）业务发生的日期，如：库存现金收付款业务、银行存款收付业务。

（3）月末日期，如：计提折旧、分配工资等期末转账业务。

4. 编号的填写

填写记账凭证的编号，是为了分清会计凭证处理的先后顺序，便于登记账簿的记账凭证与账簿记录的核对，保证会计凭证的完整安全并方便查账。记账凭证无论是统一编号或分类编号，均应分月按自然数1、2、3、4……顺序连续编号，一张记账凭证编一个号，不得跳号、重号。

（1）**专用凭证分类编号** 专用凭证编号有两种方法：一种是分"收""付""转"三类编号。其编号为："收字第×号""付字第×号""转字第×号"。另一种是按"现收""银收""现付""银付"和"转账"五类编号。其编号为："现收字第×号""银收字第×号""现付字第×号""银付字第×号""转字第×号"。在分类编号的情况下，一般还需编制总号，以统计全部凭证的数量。总号不分类，从1开始，顺序编号。一般分号可以在填写记账凭证的当日填写，总号则可以在装订记账凭证时或月末填写。

（2）**通用凭证统一编号** 通用凭证完全按照填制记账凭证顺序，从1开始按顺序编号。

（3）**一笔会计事项使用两张或两张以上凭证的编号** 有些经济业务涉及会计科目或明细科目较多，在一张凭证内不能容纳，需要填制两张或两张以上的记账凭证，则应另编分号，即在原编号后面用分数的形式表示，如：第9号记账凭证的会计事项需要编制3张记账凭证，即第一张为 $9\frac{1}{3}$，第二张为 $9\frac{2}{3}$，第三张为 $9\frac{3}{3}$。

5. 摘要的填写

摘要是指摘录会计事项的要点。填写摘要的要求，一是真实准确，二是简明扼要，三是详略得当。对于经常发生的常规业务可以写得简略一些,如:将库存现金存入银行,可简略为"现金解行";对于比较特殊的经济业务则要详尽一些,如:经济事项依据的文件、合同或决议等的名称、编号和批准人等,方便查考。摘要栏的填写没有统一格式,但对于同一类经济业务,摘要表述的基本内容是有一定规律的。

6. 会计科目的填写

会计科目的填写必须根据会计事项的内容,按企业会计制度统一规定填写,既要写明一级科目,又要写清明细科目。不得任意简化或编造科目;不得只写科目编号不写科目名称。

7. 金额的填写

记账凭证的金额必须与原始凭证的金额相符。填写时应按行逐项,不得跳行,对记账凭证中的空白行次,应该画斜线或"S"形线注销,合计金额前需填写货币符号,如:"¥"。

8. 对同时涉及收(付)款及转账业务的处理

如遇同时涉及收(付)款及转账业务的会计分录,应将原复合分录按账户对应关系拆分,分别编制收(付)款凭证和转账凭证。

9. 附件张数的计算和填写

记账凭证一般应附有原始凭证,并注明其张数。附件张数的计算有两种方法:一种是按所附原始凭证的实际张数计算;另一种是对原始凭证张数分级计算,即原始凭证汇总表作为记账凭证的附件计算,原始凭证作为原始凭证汇总表的附件计算。

当一张或几张原始凭证同时涉及几张记账凭证时,可将原始凭证附在一张主要的记账凭证后面,在摘要栏注明"本凭证附件包括××号记账凭证业务"字样,在其他记账凭证上注明"原始凭证附在××号记账凭证后面"的字样。

10. 记账凭证的签章

记账凭证填制完成后,需要由有关会计人员签名或盖章。

(三)记账凭证填制举例

【例】渤海工厂20××年3月31日发生如下会计事项:

① 开出现金支票,向银行提现2 000元备用。

该业务为库存现金与银行存款对转业务,按约定填制一张银行存款付款凭证,如表5-9所示。

表5-9

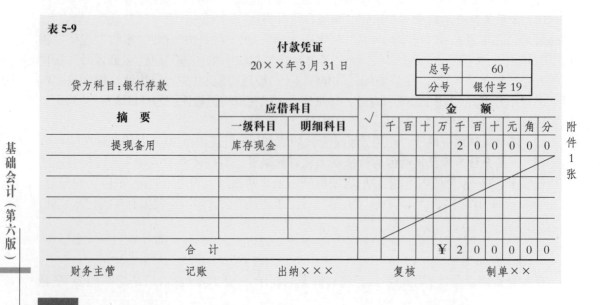

② 厂部采购员交来出差费用发票 5 张,共计金额 678 元,交来多余现金 22 元,结清前暂借款 700 元。

该业务同时涉及现金业务与转账业务,需拆分后分别填制收款凭证、转账凭证各一张。如表 5-10 和表 5-11 所示。

表5-10

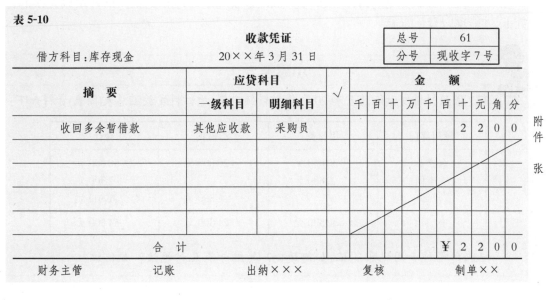

收款凭证

借方科目:库存现金　　　　　　　20××年3月31日

总号	61
分号	现收字7号

摘　要	应贷科目		√	金　额									
	一级科目	明细科目		千	百	十	万	千	百	十	元	角	分
收回多余暂借款	其他应收款	采购员								2	2	0	0
合　计									¥	2	2	0	0

财务主管　　　　记账　　　　出纳×××　　　　复核　　　　制单××

附件　张

表5-11

转账凭证

20××年3月31日

总号	62
分号	转字21号

摘要:厂部采购员报销旅差费

借方科目		√	贷方科目		√	金　额								
一级科目	明细科目		一级科目	明细科目		千	百	十	万	千	百	十	元	角	分
管理费用			其他应收款	采购员						6	7	8	0	0
合　计									¥	6	7	8	0	0

财务主管　　　　记账　　　　　复核　　　　制单××

附件 5 张

三、记账凭证的审核

记账凭证是登记账簿的依据,记账凭证填制得正确与否,直接影响会计核算资料的准确性,因此记账凭证编制后,必须指定专人进行审核。

记账凭证审核的内容主要有以下几方面:

第一，记账凭证是否附有原始凭证，内容是否相符，金额是否相等，摘要是否明确；

第二，会计科目、借贷方向、金额填制是否正确，账户的对应关系是否清楚；

第三，所载会计事项是否符合法律、法规和制度的规定，相应手续是否齐全；

第四，记账凭证要求填写的项目是否填制齐全，有关人员是否已签章。

在审核过程中，如发现差错，应及时查明原因，按规定处理和更正。只有审核无误的记账凭证，才能据以登记账簿。

小思考 5-1

有 1 张原材料发放汇总表和 20 张原材料领料单，原材料发放汇总表(简表)资料如下：

领用部门	甲材料	乙材料	合计
A 产品	30 000 元	20 000 元	50 000 元
一车间	2 500 元		2 500 元
厂部		1 800 元	1 800 元
合　计	32 500 元	21 800 元	54 300 元

应选用哪种专用记账凭证，如何填制？其编号有几种编法？如何编？

四、记账凭证汇总表

记账凭证汇总表是根据记账凭证汇总编制的，也称科目汇总表。编制记账凭证汇总表的目的是简化登记总账的手续，可以根据记账凭证数量多少，每天或定期编制。记账凭证汇总表的一般格式及具体编制方法详见第九章。

记账凭证的分类如图 5-4 所示。

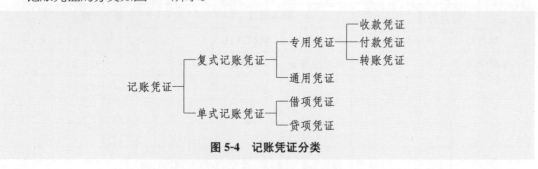

图 5-4　记账凭证分类

第四节　会计凭证的传递和保管

一、会计凭证的传递

会计凭证的传递，是指从会计凭证的填制或取得起，经过审核、记账、装订到归档保管为

基础会计（第六版）

止,在有关部门和人员之间按规定的时间、路线办理业务手续和处理的过程。

正确、合理地组织会计凭证的传递,可以使经济业务得到及时的处理,有利于加强各有关部门的经济责任,以充分发挥会计的监督作用。

科学合理地组织会计凭证传递包括以下三个方面:

(一) 传递路线

会计凭证的传递路线是指凭证流经的各个环节及其先后次序。各单位的经济业务不同,内部机构设置和人员分工情况不同,会计凭证传递的程序也不同。设定的会计凭证传递路线既要保证会计凭证经过必要的处理和审核环节,又要避免繁文缛节;既要有利于会计处理和审核,又要提高工作效率。

(二) 传递时间

会计凭证的传递时间是指各种凭证在各经办部门、环节停留的最长时间。为了保证会计核算的及时性,应明确规定各种会计凭证在各个部门和环节停留的最长时间,一切会计凭证的传递和处理,都应在报告期内完成,不允许跨期,以免影响会计核算的正确性和及时性。

(三) 传递手续

会计凭证的传递手续是指会计凭证在传递过程中的衔接手续。传递手续应该做到既完备严密,又简便易行。凭证的收发、交接都应按一定的制度办理,确保会计凭证的安全和完整。

会计凭证的传递程序、传递时间和衔接手续明确后,可据以绘制会计凭证流转图,制定凭证传递程序,规定凭证传递路线、环节、在各个节点停留的时间、处理内容及交接手续等,以保证会计凭证传递工作能够有条不紊、迅速有效地进行。

二、会计凭证的装订

会计凭证是企业重要的经济档案和历史资料,为防止散失,必须装订成册,妥善保管。

(一) 需装订的会计凭证

需装订的会计凭证包括:原始凭证、原始凭证汇总表、记账凭证、记账凭证汇总表、银行存款对账单等。

(二) 会计凭证的装订前整理

会计凭证一般每月装订一次。每月记账完毕,由会计人员将本月的记账凭证加以整理,检查有无缺号、附件是否齐全,有的附件需避开装订线折叠成记账凭证的大小,并按收、付、转的顺序排列。会计电算化的企业应将当月的记账凭证打印出来并装订。

(三) 会计凭证的装订

将整理好的会计凭证加上封面、封底装订成册,在装订线上加贴封签,并在封签处加盖装订人员的骑缝图章。需要单独保存或数量较多的原始凭证也可单独装订成册。会计凭证的装订的一般程序如下:

① 按顺序整理好凭证,加上封面;
② 将包角纸定位,并用夹子固定凭证;
③ 打孔、穿线(注意第一针的位置);
④ 包角、修剪、粘贴;

⑤ 书写封页,盖骑缝章。

打孔穿线可有多种方法,现介绍两种方法,分别如图 5-5 和图 5-6 所示。

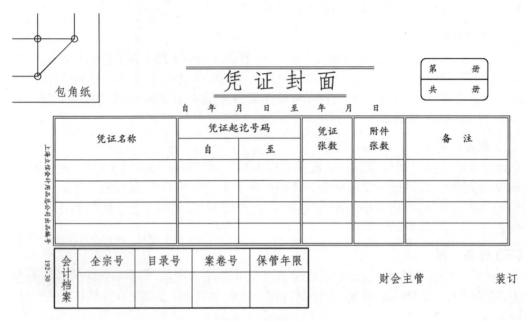

图 5-5 三孔装订法示意

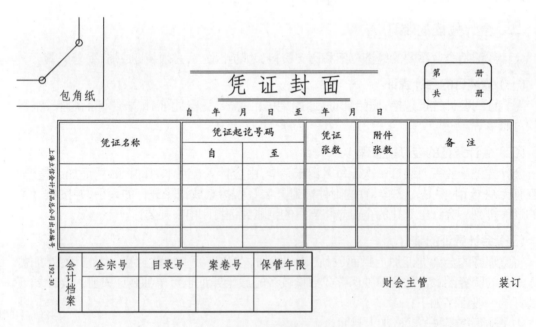

图 5-6 二孔装订法示意

完成装订后,记账凭证的样式如图5-7所示。

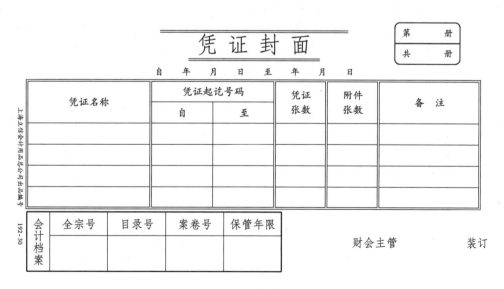

凭证封面

第　　册
共　　册

自　年　月　日　至　年　月　日

凭证名称	凭证起讫号码		凭证张数	附件张数	备　注
	自	至			

会计档案	全宗号	目录号	案卷号	保管年限

财会主管　　　　装订

图5-7　装订完毕记账凭证的样式

(四) 封面的填写

会计凭证封面上应填写:单位名称、年度和月份、记账凭证的种类、起讫日期、起讫号数,以及记账凭证和原始凭证的张数。财会主管及装订人员均须在封面上盖章。其格式如图5-8所示。

凭证封面

第　　册
共　　册

自　年　月　日　至　年　月　日

凭证名称	凭证起讫号码		凭证张数	附件张数	备　注
	自	至			

会计档案	全宗号	目录号	案卷号	保管年限

财会主管　　　　装订

图5-8　会计凭证封面

基础会计(第六版)

三、会计凭证的保管

会计凭证是重要的会计档案,经整理装订后应按照《会计档案管理办法》规定,由专人负责分类保管。

(一)归档保管

会计凭证在归档后应按年分月妥善保管。在保管中应保证其安全和完整,防止霉烂破损、鼠咬虫蛀以及遗失、被窃。

(二)借阅

会计凭证不得外借,有关部门和单位需要查阅和调用时,应事先得到批准并按规定办理一定的手续。

(三)销毁

会计凭证有规定的保管期限,保管期满的会计凭证应由本单位档案机构会同会计机构提出销毁意见,编制销毁清册,并由单位负责人在销毁清册上签署意见。保管期满但未结清债权债务的原始凭证和涉及其他未了事项的原始凭证,不得销毁,应当单独抽出立卷,并保管到未了事项完结时为止。

第六章　登记账簿

【学习目标】

登记账簿是会计核算的专门方法之一。通过本章的学习,理解会计账簿的意义和基本分类,学会依据会计凭证登记日记账、总账和明细账簿,能熟练运用记账规则和错账更正方法,学会编制试算平衡表和对账结账。

第一节　账簿概述

一、会计账簿的意义

会计账簿是以会计凭证为依据,连续、系统、全面地记录各种经济业务,由一定格式的账页所组成的簿籍。它是对大量分散的数据或资料进行分类、归集、整理,逐步加工成有用的会计信息的工具。

通过编制会计凭证,单位全部经济业务的内容都已反映在会计凭证上,但会计凭证是分散的、互不联系的,因此必须把会计凭证所记录的经济业务,按照一定的程序和方法,登记到有关的具有专门格式的账簿中去,据以提供单位经营管理所需要的信息。

会计账簿是会计信息形成的重要环节,设置和登记会计账簿是会计核算的重要基础工作,它对加强经济管理有着重要的作用。

(一) 为本单位的经济管理提供系统、完整的会计资料

会计账簿以会计凭证为依据,对单位的经济业务进行记录、计算、归类和汇总,它构成本单位的重要会计档案,为经营管理提供连续的、系统的、完整的会计信息,是管理者进行经济决策的重要依据。

(二) 为本单位编制会计报表提供数据资料

会计账簿是会计报表的主要依据。会计账簿为本单位汇总、整理积累了必要的经济活动资料,在一定的会计期间终了时,就可以为会计报表的编制提供必要的会计资料。

(三) 为本单位的各项考核工作提供依据

单位可以根据账簿资料,考核有关计划、预算、指标的完成情况,对有关经济业务进行分析和检查。

二、会计账簿的种类

(一) 账簿按用途分类

账簿按用途可分为序时账簿、分类账簿和备查簿。

1. 序时账簿

序时账簿也称日记账,是以每一项经济业务为记录单位,按照经济业务发生的时间先后逐日逐笔登记的账簿。日记账的作用主要是作为经济业务的原始序时记录,便于查阅经济业务的发生或完成的情况。企业必须设置的日记账有"库存现金日记账"和"银行存款日记账"。

2. 分类账簿

分类账簿是包括全部账户在内的、用来分类记录单位全部经济活动情况及其结果的账簿。分类账使各类经济业务的增减变化及其结果都能及时在账簿上得到反映。分类账簿按反映经济内容的详细程度可分为总分类账和明细分类账。

(1) **总分类账**　包括全部账户、分类记载经济业务总括情况的账簿,通常是根据统一规定的一级会计科目设置账户的。

（2）**明细分类账** 分户记载某一类经济业务的明细情况的账簿，通常是根据明细科目或企业管理的实际需要设置账户的。

3. 备查簿

备查簿是对不能在日记账或分类账中记录的事项，为便于查考而作辅助性登记以提供有关数据资料的账簿。备查簿与其他账簿之间不存在相互依存和勾稽关系。

（二）账簿按形式分类

会计账簿按形式可分为订本式、活页式和卡片式。

1. 订本式账簿

订本式账簿是在启用前就已将账页装订成册的账簿。其优点是能防止账页的散失和抽换，有利于保证会计档案的严肃性和完整性。其不足之处是在一本账簿开设多个账户时，需预留空白账页，预留账页过少会影响连续记账，预留账页过多会造成浪费，且不便分工记账。涉及货币资金的日记账，譬如库存现金日记账、银行存款日记账及总分类账应采用订本式账簿。

2. 活页式账簿

活页式账簿是启用前为散装账页，启用后安装在活页夹中使用，用毕才加具封面装订成册的账簿。其优点是能根据记账需要，随时添加账页，便于分工记账。其不足之处是账页容易散失和被任意抽换。明细分类账一般宜采用活页式账簿。

3. 卡片式账簿

卡片式账簿是用硬质纸张制成、印有专门格式的散装账卡。卡片账在使用时一般不加装订，为防散失，通常安放在特制的卡片箱内。使用完毕，再加具封面，穿孔装订，封扎保管。卡片账的优点是可长时间使用，便于添加新卡等。其缺点是容易散失和被任意抽换。固定资产、低值易耗品等实物的明细账宜采用卡片式账簿。

（三）账簿按格式分类

会计账簿按格式可分为三栏式、数量金额式、多栏式和平行式。

1. 三栏式账簿

三栏式账簿的基本格式是在账页中设置"借方""贷方""余额"三栏金额或"收入""付出""结存"三栏金额，适用于只需进行金额核算的账户。

2. 数量金额式账簿

数量金额式账簿的格式是在账页中设置"收入""发出""结存"三栏，各栏中再细分数量、单价、金额三栏，可分别登记实物资产的数量、单价和金额，适用于流动物资的核算。

3. 多栏式账簿

多栏式账簿是根据经济业务的特点和管理的要求，在一张账页内按所需明细项目分设专栏，集中反映相关明细项目的核算资料。多栏式账簿格式多种多样，按需设计，可分为借方发生额多栏式、贷方发生额多栏式、借/贷方(收/付方)发生额均设多栏式三种。多栏式账簿一般只以金额核算，适用于需控制明细项目的成本费用的核算。

4. 平行式账簿

平行式账簿又称横线登记式，其一般格式是在账页上分为"借""贷"两方，两方各设日期、凭证号数、摘要及金额栏，记账时将前后密切相关的经济业务在同一行内进行登记，以检查每笔业务完成及变动的情况，适用于需逐笔控制进程的业务。

会计账簿的种类如图 6-1 所示。

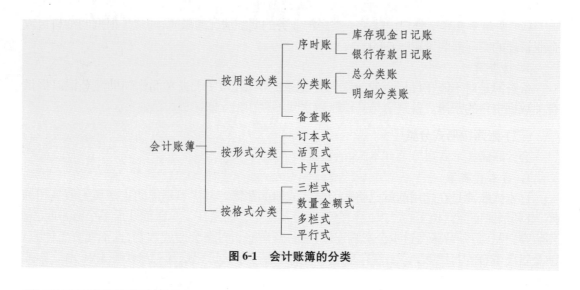

图 6-1　会计账簿的分类

三、账簿的基本要素

会计账簿的种类繁多,但都必须具备如下基本要素:

(一)封面
封面应标明账簿名称,如:库存现金日记账、总分类账等。

(二)扉页及账户目录
扉页主要印制"账簿启用及交接表",而账簿的首页通常用作账户目录。

(三)账页
账页是账簿的主体,用来记录经济业务,账页一般应具有如下内容:账户名称(会计科目);登账日期栏;凭证种类和号数栏;摘要栏;借/贷方金额栏及余额的方向、金额栏。

第二节　账簿的设置和登记

账簿的设置包括:确定账簿的种类,设计账簿的格式,规定登记的内容和登记方式。设置账簿,首先要根据国家统一会计制度中的有关规定,其次要考虑本单位规模的大小、经济业务的繁简、会计人员的分工等,从本单位的具体情况出发,设置既能全面反映经济业务,满足管理要求,又繁简得当的会计账簿。

一、日记账的设置和登记

(一)库存现金日记账的设置与登记
库存现金日记账是序时逐笔记录库存现金的收入及其来源、付出及其用途,以及结存余额的账簿。设置库存现金日记账是为了逐日反映库存现金的收入、支出和结存情况,有利于对现金的保管、使用,便于对现金管理制度的执行情况进行日常监督。

库存现金日记账是根据库存现金收款凭证、库存现金付款凭证和有关的银行存款付款

基础会计(第六版)

凭证登记的。其主要格式有三栏式库存现金日记账、多栏式库现金日记账。

1. 三栏式库存现金日记账

三栏式库存现金日记账除设置"收入""付出""结余"三栏外,还应设置"对应账户"栏,反映每笔现金收库存付的对应账户。在记账过程中,应根据有关凭证直接逐日逐笔填明业务日期、凭证号数、摘要、对应账户、收入或付出金额,不得合并登记,当日账应当日清。对向银行提现的业务,如果是编制一张银行存款付款凭证的,其现金收入应根据银行存款付款凭证登记。三栏式库存现金日记账格式如表6-1所示。

表6-1

库存现金日记账(三栏式)

××年		凭证		摘要	对应账户	收入	付出	结余
月	日	种类	编号					
				期初余额				2 500
			5	支付装卸费	在途物资		720	1 780
			13	提现	银行存款	120 000		121 780
略	略	略	14	发放工资	应付职工薪酬		120 000	1 780
			19	张菲暂借旅差费	其他应收款		1 000	780
			20	收回多余暂借款	其他应收款	140		920
			22	购买办公用品	制造费用、管理费用		250	670

注:除图6-2外,本章各种账户格式中的账户记录均为第四章例题的记录。

记账是指将经济业务从记账凭证转记到有关账户中的行为,也称"过账"。三栏式库存现金日记账的记账登记方法如下:

(1)日期栏　登记现金实际收付日期,应与所依据的记账凭证日期相一致。

(2)凭证栏　应分别登记据以记账的凭证种类及凭证号数。其凭证种类有:"现金收款(付款)凭证",简写为"现收(付)""银行存款付款凭证",简写为"银付"。

(3)摘要栏　摘录入账经济业务要点,既要文字简练,又要说明清楚。

(4)对方科目栏　登记现金收入或现金付出的对应科目及子目。

(5)收入栏　登记收入现金的数额。

(6)付出栏　登记付出现金的数额。

(7)结余栏　可登记每笔收付业务后的现金结余数额。每日营业终了,必须结算并登记当天的现金结余数额,并与库存现金核对相符。

2. 分设多栏式库存现金收入日记账、多栏式库存现金付出日记账

多栏式库存现金收入、付出日记账的格式是按照与现金收入相对应的常用贷方账户和与现金付出相对应的常用借方账户分别设置专栏,用以序时地、分类地反映与现金收付有关的经济业务。登记多栏式库存现金收入、付出日记账时应注意按对应账户专栏登记余额,并同时登记该方的合计栏,每日收付业务登记结束,还应在库存现金收入日记账上结出余额。

多栏式库存现金日记账的优点是可利用专栏将重复发生的同类业务加计汇总,一次过账,减少过账工作量;同时各笔业务的账户对应关系明确,可提供有关经济业务的明细资料,还有利于现金收付工作的分工。其缺点是如所设专栏过多,账页过长,就不便记账、保管。

基础会计(第六版)

多栏式库存现金收入、付出日记账的格式及登记方法如表6-2、表6-3所示。

表6-2

库存现金收入日记账

××年 月	××年 日	凭证编号	摘要	贷方科目 银行存款	贷方科目 其他应收款	收入合计	支出合计	结余
略	略		期初余额					2 500
		5	转记				720	1 780
		13	提现	120 000		120 000		121 780
		14	转记				120 000	1 780
		19	转记				1 000	780
		20	收回多余暂借款		140			920
		22	转记				250	670

表6-3

库存现金付出日记账

××年 月	××年 日	凭证编号	摘要	借方科目 银行存款	借方科目 其他应收款	借方科目 应付职工薪酬	借方科目 制造费用	借方科目 其他	支出合计
略	略		支付装卸费					720	720
		14	发放工资			120 000			120 000
		19	暂支差旅费		1 000				1 000
		22	购买办公用品				100	150	250

（二）银行存款日记账的设置与登记

银行存款日记账是用来序时记录银行存款的增减变化和结余情况的账簿。设置银行存款日记账可以加强对银行存款使用情况的日常监督和管理，也便于与银行进行账项核对。

银行存款日记账的格式也可分为三栏式、分设多栏式银行存款收入和多栏式银行存款付出日记账两种。

银行存款日记账是根据银行存款收款凭证、银行存款付款凭证，业务的发生日期和凭证编号顺序逐笔登记的。对现金解存银行业务，如是编制一张现金付款凭证的，其银行存款收入应根据现金付款凭证登记。银行存款一般也要求每日结出余额，并经常与总分类账核对，以便于资金的管理和调度。三栏式银行存款日记账格式如表6-4所示。

三栏式银行存款日记账的登记方法基本同三栏式库存现金日记账，其中"结算凭证——种类"栏登记银行存款收付业务采用的支付方式种类，如：支票、银行汇票、委托收款、汇兑等。"结算凭证——编号"栏登记所用支付方式凭证的编号，如：支票编号、银行汇票编号等。

表 6-4

银行存款日记账(三栏式)

××年		凭证		摘要	结算凭证		对应科目	收入	付出	结余
月	日	种类	编号		种类	编号				
略	略	略		期初余额						340 000
			1	接受投资			实收资本	220 000		560 000
			3	借入借款	略	略	短期借款	30 000		590 000
			4	购入材料			在途物资			
							应交税费		98 280	491 720
			5	支付运费			在途物资		2 880	488 840
			8	偿付前欠货款			应付账款		29 134	459 706
			9	支付购料款			在途物资			
							应交税费		56 568	403 138
			13	提现备发工资			库存现金		120 000	283 138
			18	支付借款利息			财务费用			
							应付利息		3 700	279 438
			21	支付电费			应付账款		8 630	270 808
			25	销售A产品			主营业务收入			
							应交税费	179 712		450 520
			27	支付广告费			销售费用		5 020	445 500
			32	购入设备			固定资产		8 000	437 500
			34	支付纳税滞纳金			营业外支出		1 200	436 300
			39	缴纳税金			应交税费		60 480	375 820
			40	支付应付利润			应付股利		64 320	311 500
			41	偿还借款本息			长期借款			
							财务费用		80 820	230 680

二、分类账的设置和登记

(一) 总分类账的设置和登记

总分类账简称总账,是根据会计科目开设的账簿,用来登记一个单位的全部经济业务,提供资产、负债、所有者权益、收入、费用和利润总括核算资料的账簿。总分类账可以全面、系统、总括地反映单位的资金循环和增减变动情况,为编制会计报表提供必要的数据资料。

每个单位都必须设置总分类账。其格式一般为三栏式,采用订本式账簿。由于订本式账簿页次固定,不能任意添减,因而在启用时应充分估计预留页数。

由于采用的会计核算程序不同,总分类账的登记依据可以是记账凭证,也可以是其他有关依据。其中基本的核算程序是根据记账凭证逐笔记入总分类账。其格式及登记方法如表6-5 所示。

表 6-5

主营业务收入总分类账

××年		凭证		摘要	借方	贷方	借／贷	余额
月	日	种类	编号					
略	略	略	25	出售A产品1 200件		153 600	贷	153 600
			26	出售B产品2 600件		572 000	贷	725 600
			31	结转"本年利润"	725 600		平	-0-

根据记账凭证登记总账时,应注意以下事项:

第一,登记的顺序。登记账簿的顺序一般有两种:

一种是按记账凭证的种类及编号顺序登账。一般先登记收款凭证,后登记付款凭证、转账凭证,每张凭证先登记借方账户,后登记贷方账户,登记完一张记账凭证,再登记第二张。

另一种是按总账账户的排列顺序登记。一般先登记排在前面的账户,后登记排在后面的账户。每登记一个账户需将全部记账凭证翻阅一遍,登记完一个账户,再登记第二个。

第二,登记账簿时,对记载的日期、凭证编号、金额、记账方法等必须与所依据的记账凭证完全一致,不能改变。

第三,摘要栏的登记。摘要栏的登记,原则上应按记账凭证摘要栏抄写,但记账凭证的摘要一般要说明该项经济业务的全貌,而账户的摘要则偏重本账户的情况,所以可有所不同。如某一转账凭证的摘要是"向海尔空调厂购买空调 10 台,@2 300.00,款未付,发票号512340"。登记"固定资产"账户时,摘要栏应写清供货单位、品名、数量、单价等,登记"应付账款"账户时,摘要栏应写清供货单位、发票号等。

第四,每项经济业务记入如表 6-5 所示总账后,应逐项检查登记有无差错,包括账户名称、日期、凭证编号、摘要、金额等。确认无误,在记账凭证"过账栏"内打"√",表示已经登账。关于以不同依据登记总账的方法将在第九章做详细说明。

(二)明细分类账的设置和登记

明细分类账简称明细账,是根据经营管理的需要,按照统一规定的二级科目或实际需要自行设置的明细科目,分类、连续地记录和反映有关经济业务增减变动详细情况的账簿。明细分类账能详细反映有关资金循环和增减变动的具体情况,有利于资金的管理和使用,并可为编制会计报表提供必需的详细资料。

明细分类账的格式可分别采用三栏式、数量金额式、多栏式和平行式等。

三栏式明细账的账页只设借方、贷方和余额三个金额栏,不设数量栏。这种格式适用于只需要进行金额核算的账户,如:"应交税费""主营业务收入"等结算类、损益类账户的明细核算。

数量金额式明细账的账页是在收入、发出和结余栏下,再按数量、单价和金额分设专栏。这种格式适用于既需要进行金额核算,又需要进行实物数量核算的各种财产物资的明细核算,如:"原材料""库存商品"等实物账户的明细核算。因为对这些财产物资的核算和管理,不仅需要其详细的价值指标,还需要掌握其详细的数量指标。其基本格式和登记方法如表 6-6 所示。

表 6-6

原材料明细账

类别: 名称和规格:甲 计量单位:千克 仓库:××××

| ××年 | | 凭证号数 | 摘要 | 收入 | | | 发出 | | | 结存 | | |
月	日			数量	单价	金额	数量	单价	金额	数量	单价	金额
略	略		期初							2 000	14.60	29 200
		6	购入	6 000	14.60	87 600				8 000	14.60	116 800
		10	购入	3 000	14.60	43 800				11 000	14.60	160 600
		11	发出				9 500	14.60	138 700	1 500	14.60	21 900
			本月合计	9 000		131 400	9 500		138 700	1 500	14.60	21 900

多栏式明细账的账页是在明细科目或明细项目下分设若干专栏,以便在同一账页上集中分类反映有关明细科目或明细项目的金额。这种格式适用于"在途物资""生产成本""制造费用""管理费用"等成本、费用类账户的明细核算,以便按成本项目,费用项目设置专栏。"在途物资"和"生产成本"多栏式的格式和登记方法如第四章的表4-1、表4-6所示。

平行式明细账的账页是在借方栏和贷方栏前分别设置日期栏和凭证编号栏,对同一笔增加或减少款项的借贷方发生额,不论其发生的时间先后,都登记在同一行次,使借贷发生额的金额互相对照,便于检查有关账户的业务发生和结清情况。一笔业务结清后可在"转销"栏打"√",以示转销。这种格式一般适用于"应收账款""应付账款"等账户的明细核算,其格式及登记方法如表6-7所示。

表6-7

应付账款明细分类账

行次	户名	借 方					贷 方					转销
		××年		凭证号数	摘要	金额	××年		凭证号数	摘要	金额	
		月	日				月	日				
1	五华公司	略	略	8	归还欠款	29 134	略	略	7	购入乙材料	29 134	√
2	供电部门			22	支付电费	8 630			22	本月电费	8 630	√

以上各种格式的明细账一般采用活页式账簿。为了适应固定资产、低值易耗品等物资明细核算的特殊需要,也可采用卡片式账簿。

明细分类账的登记,可直接根据记账凭证并参考原始凭证或原始凭证汇总表逐笔登记。对于某些频繁发生的经济业务,为了既反映其详细的增减变化情况,又适当地简化记账工作,也可逐日或定期汇总登记,如:主营业务收入、原材料领用等。登记明细分类账应注意的事项与登记总分类账相同。

三、备查簿的设置和登记

备查簿是对某些在日记簿、分类账等正式账簿中未能记载的事项进行备查登记的账簿。备查簿可对某些经济业务的内容提供必要的、详细的参考资料,如:"租入固定资产登记簿""受托加工材料登记簿""经济合同登记簿"等。备查簿无统一格式,只是根据管理的需要和具体的业务内容,载明各项需要查阅的资料与数据,各单位可根据实际需要自行设计。

第三节 记账规则和错账更正

登记账簿是会计核算的一个重要环节,为了保证会计核算的质量,必须严格遵守各项记账规则。

一、记账规则

记账必须分工明确,专人负责,凭证齐全,内容完整。具体要求如下:

第一，必须根据审核无误的记账凭证以及所附的原始凭证进行记账。没有合法记账依据的，不得记账。

第二，记账必须用蓝、黑色墨水的钢笔或签字笔书写，只有在复写账页上才能用圆珠笔书写。

第三，记账时应按账户页数顺序逐行逐页登记，不能跳行、隔页。不慎发生跳行、隔页时，应在空行、空页处用红色墨水的钢笔或签字笔画对角线注销，注明"此行(此页)空白"，并由记账人员在对角线处盖章。

第四，账簿所记载的内容必须和记账凭证一致，不得随意增减，每一笔账都要记明日期、凭证号数、摘要和金额。每笔账登记完毕，应逐项复核并在记账凭证上签名或者盖章，做好过账符号，表示已经登账。

第五，账簿应保持整洁。文字、数字应书写端正，不得乱造简化字，摘要文字应紧靠左线。金额应书写完整，没有角分的整数，小数点后应写"00"，不得省略不写。如：账簿或报表、凭证上没有角分线的，则应在个位数"元"以后，加注小数点。文字、数字要紧贴底线书写，其大小一般应占格子的1/2，最大不超过2/3。

第六，记账中的结账、改错、冲账可以用红色墨水的钢笔或签字笔书写，除此以外，不得随便使用红墨水笔。因为在会计上红色数字表示对蓝色数字的冲销，即表示负数。如在不应划线处误画了红线，应在红线两端各打一个"×"，并加盖记账员私章。用红色墨水笔记账一般限于下列情况：

① 根据红字冲账的记账凭证，冲销错误记录；

② 在只设借方或贷方专栏的账页中，登记减少数或负数余额；

③ 国家统一会计制度规定的其他内容。

第七，凡需结出余额的账户，都应及时结出余额，并在"借或贷"栏注明余额的方向。没有余额的账户，应注明"平"字，在余额栏"元"位上用"0"表示，在"0"的前后各画一道延长线，以防变造。

第八，每一页账页记满并需继续登记时，应按规定转页，即在记满的这一页的最末一行的摘要栏内写明"过次页"或"转下页"，并分别将本期借、贷方发生额合计数记在最末一行的借方和贷方栏，余额经复核无误后记入余额栏。同时把应过次页的发生额及余额分别过入次页第一行的借方、贷方和余额各栏，并在摘要中写明"承前页"或"接上页"，以保持账簿记录的连续性。不同账户的过次承前有不同的要求，具体做法如下：

① 对需要结计本月发生额的账户，结计"过次页"的本页发生额合计数应当为自本月初起至本页末止的发生额合计数。这样便于根据"过次页"合计数随时了解本月初至本页末止的发生额，也便于月末结账时加计本月发生额合计数；

② 对需要结计本年累计发生额的账户，结计"过次页"的本页发生额合计数应当为自本年初起至本页末止的累计数。这样便于根据"过次页"的合计数随时了解本年初至本页末止的累计发生额，也便于年终结账时加计本年发生额累计数；

③ 对不需要结计本月或本年发生额合计数的账户，可以只将每页末的余额结转次页。

第九，实行会计电算化的单位，总账和明细账应当定期打印，发生收款和付款业务的，在输入收款凭证和付款凭证的当天必须打印出库存现金日记账和银行存款日记账，并与库存现金数核对无误。

第十，会计账簿一经记载，便是会计档案，订本式账簿事先印有页次，不得以任何理由随意地撕去,活页式账簿也不得随意抽换账页。

二、错账更正的方法

会计人员填制会计凭证、登记会计账簿必须严肃认真,一丝不苟,尽最大的努力把账记好算对,防止差错,保证会计核算的质量。一旦账簿记录发生错误,应根据具体情况按规定的更正方法更正,严禁刮擦、挖补、涂改或用化学药物褪色。更正错账的方法主要有划线更正法、红字冲账法和补充登记法。

(一) 划线更正法

划线更正法是用画红线来更正错账的一种方法,即在需要更正的文字或数字上画一道红线,表示注销,然后在红线上方书写正确的文字或数字。原有错误的文字或数字必须清晰可见,并由更正人在更正处盖章,以示责任明确。更正文字时,可只更正单个文字;更正数字时,则必须把该笔数字全部划去重写,不得进行局部更正。

例如:

① 文字改错:如将"购原材料"误记为"购原材物",应改正为

$$\text{“购原材物}\overset{\text{料}}{\quad}\boxed{\text{李四章}}\text{”。}$$

② 数字改错:如将"2 378"误记为"2 738",应更正为

$$\overset{\text{“2 378}}{\text{2 738}}\boxed{\text{李四章}}\text{”,不得更正为}\overset{\text{“37}}{2\,7\!\!\!/38}\boxed{\text{李四章}}\text{”。}$$

③ 方向记错:应记入某账户借方的金额,误记入了贷方,应在误记的贷方金额上画红线注销,再在借方补记正确的数字,如:

原材料	
2 240	~~2 240~~李四章

④ 账户记错:应记入甲账户的金额误记入了乙账户,应将误记在乙账户的金额用红线划去,再在甲账户补记入该金额,如:

原材料——甲		原材料——乙	
2 240		李四章~~2 240~~	

⑤ 余额结错:在结错的余额上画红线注销并在结错的余额上方写上正确的余额,盖上更正人私章。如一次错误影响到多行的余额结错,应逐一更正。

划线更正法适用于更正编制记账凭证时发生的错误,或记账凭证正确、但账簿登记发生笔误的错误。一般在制证、记账时发生笔误,或在结账前对账簿记录进行试算平衡时发现记账笔误、结错余额时使用。

小知识 6-1

如记账凭证写错,可不进行更正,作废后重做一张。

基础会计(第六版)

(二) 红字冲账法

红字冲账法又称"红字更正法",是指用红字记账来冲销错账的一种方法。红字冲账法适用于更正由于记账凭证错误导致记账错误的错账。红字冲账法按其需冲销的金额情况可分为全额冲账法和差额冲账法。

1. 全额冲账法

全额冲账法是指将需要更正的错账全部用红字冲销,然后再补制一张正确的记账凭证并据以记账的一种冲账方法。其更正步骤如下:

第一,用红字金额填制一张与错账所依据的记账凭证相同的记账凭证,据以用红字记账,冲销原错误记录,并在记账凭证和账页的"摘要"栏注明"冲销×月×日×号凭证错误"。

第二,用蓝字填制一张正确的记账凭证并记账。同时在记账凭证和账页的"摘要"栏注明"更正×月×日×号凭证错误"。红字冲正后,还应在错误记账凭证和账页记录上加注"已在×月×日×号凭证更正"字样,防止重复更正。

全额冲账法可用于账户记错、方向记错、金额记错等各种错账的更正。

2. 差额冲账法

差额冲账法是在记账凭证及据以登记的账户对应关系和记账方向正确,但所记金额大于应记金额时,将多记部分金额用红字冲销,保留应记金额的一种冲账方法。采用差额冲账法更正的错账,也可采用全额冲账法更正。

现举例说明两种红字冲账法如下:

【例1】计提本月生产管理部门的房屋折旧4 000元,填制凭证时误记入"销售费用"账户,并已登记入账。

原错误分录为:

借:销售费用   4 000
  贷:累计折旧   4 000

月末结账前发现了上项错误,先用红字金额编制一张与错误分录相同的凭证,冲销错账:

① 借:销售费用   4 000
  贷:累计折旧   4 000

然后用蓝字重新编制一张正确的记账凭证登记入账。其会计分录为:

② 借:制造费用   4 000
  贷:累计折旧   4 000

此项错账更正在账户中反映如下:

销售费用		累计折旧		制造费用	
4 000			4 000		4 000
4 000			4 000		
			4 000		

【例2】如果上例中应借应贷账户没有错,只是实记金额大于应记金额,譬如4 000元误记为6 000元,并已登记入账。

原错误分录为:

借:制造费用   6 000

贷:累计折旧		6 000

此时可采用差额冲账法更正,冲销多记的金额,即按差额编制一张与原对应关系相同的红字记账凭证,据以用红字记账,使账户中保留正确的金额。其会计分录为:

借:制造费用	2 000	
贷:累计折旧		2 000

此项错账更正在账户中反映如下:

制造费用		累计折旧	
6 000			6 000
2 000			2 000

小思考6-1

采用差额冲账法更正的错账能用全额冲账法更正吗？为什么？

(三) 补充登记法

补充登记法是指对少记金额予以补充登记来更正错账的一种方法。补充登记法适用于更正记账凭证及据以登记的账户对应关系正确,但所记金额小于应记金额的错账。其更正方法是再编制一张与原记账凭证应借应贷账户相同,但金额为补足应记金额差额的凭证,并在"摘要"栏注明"补充登记×月×日×号凭证少记金额"。

【例3】如上例中计提折旧4 000元误记为3 000元,并已登记入账,可用补充登记法更正。

原错误分录为:

借:制造费用	3 000	
贷:累计折旧		3 000

更正时的会计分录为:

借:制造费用	1 000	
贷:累计折旧		1 000

此项错账更正在账户中反映如下:

制造费用		累计折旧	
3 000			3 000
1 000			1 000

小思考6-2

【例3】中的错误能用红字冲账法更正吗？如果可以,哪种方法更好？为什么？

基础会计（第六版）

第四节　对账和结账

一、对账

（一）对账的意义

对账就是核对账目，也就是将账簿记录与会计凭证、财产物资核对，以及进行账簿记录之间有关数字的核对，以保证账簿记录的真实可靠。

在账务处理过程中，应该做到记账凭证与原始凭证相符，账户登记与记账凭证相符，账簿与账簿间的有关数字相符，账簿记载与实际情况相符。但是，在实际工作中由于种种原因，在各个环节上都可能发生错误，因此在总结某一时期账簿记录，即结账之前，就有必要按照对账制度对各种账簿记录加以核对，以保证账证相符、账账相符、账实相符。

（二）对账的内容

对账的主要内容包括：

1. 账证核对

这是指各种账簿的记录应与有关的会计凭证核对相符。一般来说，这项核对可在日常工作中进行，使错账能及时更正，随时保证账证一致。如在账账核对不符或试算不平衡时，应对有问题账户的账证进行重点核对。

2. 账账核对

这是指各种账簿之间的有关数字应该校对相符。这种核对每月至少在结账前进行一次。需核对的账簿有：

① 总分类账全部账户的本期发生额及余额试算平衡。

② 总分类账有关账户余额应与所属明细分类账余额的合计数及库存现金、银行存款日记账余额核对相符。

③ 财会部门有关财产物资的账户应与财产物资使用或保管部门的明细账或登记簿核对相符。

3. 账实核对

这是指货币资金和财产物资（如：原材料、库存商品、固定资产等）的账存数和实存数应核对相符。库存现金日记账的余额应该同实际现金库存数逐日核对相符。银行存款日记账应与银行的对账单核对相符，各种应收、应付款明细账余额应经常向有关债务债权单位查询，核对相符。财产物资的账面结存数量应定期同实存数量核对相符。这项工作通常是通过定期或不定期的财产清查来完成的。账实核对将在第七章作详细的说明。

二、结账

（一）结账的意义

结账是会计期末对账簿记录所作的结束工作，也就是把一定时间内发生的经济业务在全部登记入账的基础上，计算出全部账簿记录的本期发生额和期末余额，以便根据账簿记录编制会计报表。结账时，首先要查明本期所发生的经济业务是否已经全部入账，属于本期的应计收入和应计成本、费用是否都已调整入账，进而计算出当期的产品成本和经营成果，结出全部账户的本期发生额及余额并试算平衡,为编制会计报表提供正确、完整的账簿资料。结账是一个单位经营了一个会计期间后,对本单位的账目所进行的整理和对全部账户所作的总结。其主要作用是:

第一,正确结算本单位在一个会计期间内的生产经营过程及其经营成果;

第二,全面了解本单位在期末的实际财务状况;

结账工作是否正确、及时,直接关系到核算资料的正确性和会计报表编报的及时性。

(二) 结账前的准备工作

结账前的准备工作主要是在全部经济业务登记入账的基础上进行账项调整。日常发生的经济业务,都是按照当时的情况在有关账户中进行登记的。在一个会计期间,已经登记入账的经济业务,有的可能已发生了各种变化;有的经济业务虽已发生,但还未发生货币收付,可能尚未入账。对此,应根据权责发生制原则进行账项调整。账项调整的目的是使账目的记载与实际情况相符合,它是正确计算经营成果的重要环节。账项调整的内容一般分为两大类。

1. 应计收入的调整

应计收入是指那些在本期已向其他单位或个人提供产品或劳务等,但会计期间终了时尚未收到和尚未入账的应属本期的收入。本期的应计收入,在本期末均应调整入账。

① 应作为本期主营业务收入的各种形式的收入应全部入账。

② 应作为本期的其他业务收入(如:材料销售收入、租金收入、运输等劳务收入)应全部入账。

③ 应作为本期的营业外收入(如:查明原因的固定资产盘盈、没收的包装物押金)应全部入账。

④ 本期应收的银行存款利息等应按预计应收数额入账。

2. 应计成本、费用的调整

应计成本、费用是指那些本期已经发生,但由于尚未确定数额或尚未支付而没有入账的支出,以及为了简化核算手续而放在期末集中转账的成本、费用。本期的应计成本、费用均应在期末全部调整入账。

① 对已验收入库但货款未付的材料,应暂估入账。

② 固定资产折旧的计提。

③ 已查明原因批准处理的固定资产、流动资产盘亏应予以转销。

④ 将"制造费用"账户的借方余额按规定的标准进行分配,并转入有关"生产成本"账户的借方。

⑤ 根据"生产成本"明细账,按规定方法计算出本期完工产品的总成本和单位成本,并转入"库存商品"账户的借方。此时"生产成本"若有余额,表示在产品成本。

⑥ 按"库存商品"明细账提供的产成品单价,计算并结转本期已销产品的生产成本。

⑦ 根据有关"主营业务收入"明细账户贷方余额,按照规定应税税种的税率,计算并结转应由本期负担的有关税金及附加。

⑧ 应作为本期其他业务成本和营业外支出的账项应全部入账。

⑨ 确定本期单位的最终经营成果,将所有损益类账户的余额结转"本年利润"账户。

除对上述应计收入、应计成本、费用进行调整外,还应按照有关规定对本期经营成果进行分配。

(三) 账户的结账方法

结账应结出每个账户的期末余额,并按需要计算出本期发生额,作出已结账的记号。不同的账户,可以分别采用不同的结账方法。

1. 不需要结计发生额的账户

这类账户有应收应付款明细账等。在每次记账后,都要随时或定期结出余额,每月最后一笔业务后的余额即为月末余额。月末结账时,只需在最后一笔经济业务记录下画一条通栏(下同)红线,无需另外结计余额。

2. 需要结计本月发生额的账户

这类账户有收入、费用明细账,库存现金和银行存款日记账等。每月结账时,要在最后一笔经济业务记录下画一条单红线,在"摘要栏"注明"本月合计"或"本期发生额及余额"字样,并结出本月发生额及余额,再在下面画一条单红线。如本月只发生一笔经济业务,由于这笔记录就是本期的发生额,结账时只需在此行记录下画一单红线表示与下月的记录分开即可。

3. 需要结计本年累计发生额的账户

这类账户有主营业务收入、生产成本明细账等。每月结账时,应在结计"本月合计"或"本期发生额及余额"后,在下一行的"摘要栏"内注明"本年累计"字样,并计算自年初至本月末止的累计发生额,再在下面画一条单红线。12 月末的"本年累计"就是全年的累计发生额。年度结账时应在全年累计发生额下画双红线。其结账方法如表 6-8 所示。

表 6-8 内所画双线称为结线,是结账的记号,表示这一会计期间到此结束,用来与下期记录明显分开。按规定月结线为单红线,年结线为双红线,表示封账。

表 6-8

账户名称:应收账款

20××年		凭证编号	摘要	借方	贷方	借/贷	余额
月	日						
1	1	略	上年结转			借	4 000
	9			7 000		借	11 000
	21				2 000	借	9 000
	31		本月合计	7 000	2 000	借	9 000
			本年累计	7 000	2 000		
2	5	略		7 800		借	16 800
	16				9 200	借	7 600
	27			3 400		借	11 000
	28		本月合计	11 200	9 200	借	11 000
			本年累计	18 200	11 200		
12	3	略		25 800		借	36 800
	18				3 200	借	33 600
	29				7 800	借	25 800
	31		本月合计	25 800	11 000	借	25 800
			本年累计	367 900	342 100		
			结转下年				

年度结账后,如旧账簿尚有空白账页,应于空白页的第一页上注明:"自此以下各页空白作废",并在以后各页加盖"空白"或"作废"戳记。

第五节　账簿的启用、更换和保管

一、账簿的启用

账簿是各单位的重要经济档案,为了保证账簿记录的严肃性、合法性、完整性,明确记账责任,在账簿启用时,应首先填写已设计在各类账簿中的"账簿启用及接交表"。表中载明:①单位名称;②账簿名称;③使用年度及册次;④账簿页数;⑤启用日期;⑥经管人员;⑦交接记录;⑧公章及会计主管人员签章。其中,①②③⑤⑥项在启用时就应填明,④项对订本式账簿也可以启用时填明,但活页式账簿需要在年度结账后加计本账簿页数后填入,⑦项是在记账人员发生变动时填写。"账簿启用及接交表"样式如图6-2所示。

账簿启用及接交表

机构名称							印　　　鉴			
账簿名称				(第　　册)						
账簿编号	第　　号至第　　号共计　　页									
启用日期	公元　　年　　月　　日									
经管人员	负　责　人		主　办　会　计		复　　核		记　　账			
	姓　名	盖章	姓　名	盖章	姓　名	盖章	姓　名		盖章	
接交记录	经　管　人　员			接　　管			交　　出			
	职　　别	姓　　　名		年	月 日	盖章	年	月	日	盖章

图6-2　账簿启用及接交表样式

二、账簿的更换

新年度开始时,应将上年度各账户余额结转新账簿,称为"开账"。如新旧年度会计科目不变,可根据上年度分类账的各账户余额,对照上年末试算平衡表开账,将有关数字记入各账户的余额栏内,并在第一行摘要栏注明"上年结转"字样。在开立新账时,对上年余额中必要的细数应逐笔抄录,不能只抄总数,特别是债权债务等结算账户应逐户抄列清楚,以便次年的清算。如新旧年度会计科目变更,应注意说明,如仅是会计科目的名称变更而内容相同,只需要在上年账簿的末行摘要栏内注明"过入下年度××科目",而在新账簿第一行摘要栏内注明"上年度××科目转来"。如科目内容变更,或分或并,应先编制新旧科目分析对照表,然后根据对照表开账,并将对照表附入资产负债表作为会计档案存查。

一般说来,总账、日记账和大多数的明细账应每年更换新账,但有些财产物资明细账和债权债务明细账,由于品种、规格和往来单位较多,更换新账重抄一遍工作量太大,也可以跨年度使用。各种备查簿也可连续使用。

三、账簿的保管

会计账簿是单位重要的经济档案和历史资料,必须妥善地加以保管。

会计账簿在平时一般由记账人员保管,在年终结账以后,除按规定可跨年度使用的以外,所有会计账簿都要经过整理,装订归档。总分类账应根据账簿记载情况在目录中填明各账户的起讫账页,活页式明细账簿应分别编填总页,填制一份账户目录,然后加具封面封底,装订成册,加以封扎,由经办人加盖骑缝章后妥善存放,专人保管,以便日后查阅。会计账簿的保管期限应按照财政部和国家档案局发布的《会计档案管理办法》的规定办理。保存期满,必须按照规定办理手续,报经有关部门批准后销毁。

第七章 财产清查

【学习目标】

财产清查是在填制凭证和登记账簿的基础上为保证账簿记录准确性、财产物资的真实性和财产保管使用的合理性的一种会计核算方法。通过本章的学习，了解财产清查的意义和种类，重点理解实物资产、货币资金及往来款项的清查方法，会编制银行存款余额调节表，会进行财产清查结果的账务处理。

第一节　财产清查概述

一、财产清查的意义

会计核算的任务之一,是反映和监督财产物资的保管和使用情况,保护单位财产物资的安全完整,提高各项财产物资的使用率。单位可以通过凭证的填制与审核、账簿的登记与核对来正确反映和监督各项财产物资的增减变动情况和结果,但账簿记录的正确并不能代表其实际结存情况也正确。

小思考 7-1

什么原因会导致财产物资的账面结存数与实际结存数不相符?

(一)造成账实不符的原因

在实际工作中可能存在一些自然的或人为的原因而使财产物资的账面记录与实际结存数发生差异,造成账实不符。

① 因实物收发手续不严,造成品种、数量、规格或质量上的差错。

② 因制度不严或工作人员的疏忽,造成漏记、错记或计算上的错误。

③ 因实物保管、运输和销售过程中发生的自然损耗或自然溢余。

④ 因管理不善或工作人员过失而导致财产物资的腐烂变质或毁损。

⑤ 因贪污盗窃、营私舞弊、非法侵占等违法行为而造成实物资产数量的短缺。

⑥ 因未达账项而引起的银行存款、往来账款的账实数额不符。

因此,为了使会计核算资料如实地反映财产物资的实际结存数,在账证、账账相符的情况下仍必须运用财产清查的方法予以查核,做到账实相符。

(二)财产清查的概念

财产清查就是通过对库存现金、原材料、固定资产等财产物资的实地盘点和对银行存款、应收、应付等往来款项的核对查询来确定其在一定时日的实际结存数与账面结存数是否相符的一种专门的会计核算方法。

(三)财产清查的作用

财产清查既是会计核算的一种专门方法,又是单位内部实施会计控制和会计监督的一种活动。其作用主要表现在:

第一,可以确保账实相符,保证会计核算资料真实可靠,为正确编制财务会计报告奠定基础。通过财产清查,可以确定各项财产物资和往来款项的实有数额,并与账簿记录对比。如发现盘盈或盘亏,应及时查明原因及责任、调整账面数额,做到账实相符,保证账簿记录的真实正确,为编制财务会计报告夯实基础。

第二,可以充分挖掘财产物资的潜力,提高其利用率和使用效果。在财产清查过程中,不仅要逐一查明各种财产物资的实存数,而且还要对其储备和利用情况加以核实,不断地挖掘单位内部的物资潜力,做到物尽其用,达到提高经济效益的目的。

第三,可以强化物资管理,促进单位健全规章制度,保护财产的安全与完整。通过财产清查,可以查明各项财产物资有无损毁、变质,有无被贪污盗窃,债权、债务有无悬账悬案;可以检查货币资金的收支是否按财经法规和财经纪律办事,财产物资的收发和保管制度是否健全等。及时发现问题,采取措施,改善财产物资管理,健全各项责任制度,保护各项财产物资和往来账项的安全性与完整性。

二、财产清查的种类

财产清查的对象和范围往往视不同情况而定,在时间上也有特殊的要求,一般有以下几种分类:

(一) 按清查的对象和范围不同分类

1. 全面清查

(1) 全面清查的概念　全面清查是指对单位所有的实物资产、货币资金,以及债权债务等进行全面、彻底的盘点与核对。

(2) 全面清查的内容　原则上讲,全面清查的范围应包括资产、负债和所有者权益的所有项目。如:库存现金、银行存款等货币资金;各种机器设备、房屋、建筑物等固定资产;各种原材料、库存商品等流动资产;各项在途的原材料及其他材料物资;各种应收、应付、预收、预付款等往来款项;委托或受托其他单位加工、保管的材料和物资;各种实收资本、资本公积、盈余公积等所有者权益项。

(3) 全面清查的特点　全面清查内容多、范围广、投入人力多、耗费时间长。

(4) 应实施全面清查的情况　由于全面清查涉及的范围广,清查的对象繁杂,工作量大,所以通常在下列情况下进行:①年终编制决算财务报表之前;②单位撤销、破产、合并或改变隶属关系时;③单位更换主要负责人时;④单位改制等需要进行资产评估时。

2. 局部清查

(1) 局部清查的概念　局部清查是指对单位部分财产(如:流动性较强、易发生损耗及较贵重的部分资产等)进行的盘点与核对。

(2) 局部清查的内容　库存现金,银行存款,债权、债务,贵重财产物资,原材料、库存商品等流动性较大或易发生溢余、短缺的财产物资等。

(3) 局部清查的特点　局部清查内容少、范围小、人力与时间的耗费较少、但专业性强。

(4) 应实施局部清查的情况　①库存现金于每日业务终了进行的实地盘点;②单位的银行存款至少每月与银行核对一次;③企业与有关单位之间形成的债权和债务在年度内至少核对一至二次;④原材料、在产品和库存商品等流动性较大或易发生溢余、短缺的财产物资,每月应有计划地重点抽查;⑤对贵重的财产物资,至少每月清查盘点一次;⑥经管人员经管的财产物资办理交接时。

(二) 按清查的时间不同分类

1. 定期清查

(1) 定期清查的概念　定期清查是指按预先确定的时间,对单位的全部或部分财产物资进行的清查。

(2) 定期清查的时间　定期清查通常在月末、季末、半年末、年末结账时进行。

基础会计(第六版)

（3）**定期清查的特点**　定期清查的对象和范围不定，可以是全面清查，也可以是局部清查，目的是为了及时发现账实不符情况，及时调整错误，保证财务报表的真实完整。

2. **不定期清查**

（1）**不定期清查的概念**　不定期清查是指事先未规定清查时间，根据某种特殊需要进行的临时性清查。

（2）**不定期清查的特点**　不定期清查可以是全面清查，也可以是局部清查。

（3）**应实施不定期清查的情况**　①财产物资的经管人员（出纳员、仓库保管员）发生变动时；②实物资产遭受自然灾害或贪污盗窃时；③单位兼并、破产、改制和改变隶属关系时；④上级或国家有关部门，如财政、审计、税务等部门进行会计检查时；⑤清产核资工作时。

小思考 7-2

上述按不同标准分类的财产清查种类之间有何联系？

第二节　财产物资的盘存制度

财产清查的重要环节是盘点财产物资的实存数量。为使盘点工作顺利进行，应建立一定的盘存制度。一般来说，财产物资的盘存制度有两种，即：永续盘存制和实地盘存制。

一、永续盘存制（又称"账面盘存制"）

（一）永续盘存制的概念

永续盘存制是指对单位的各项财产物资，根据会计凭证逐日逐笔地在账簿中登记其收入和发出数额，并随时结出账面结存数额的一种盘存制度。其计算公式：

$$期末账面结存数额＝期初账面结存数额＋本期收入数额－本期发出数额$$

（二）永续盘存制的优缺点

1. **优点**

可以及时反映和掌握财产物资收入、发出和结存的数量和金额，有利于加强对财产物资的监督、控制和管理。

2. **缺点**

登记财产物资明细分类账簿的工作量较大，耗用的人力、物力较多。

3. **适用范围**

这种盘存制度手续比较严密，有利于加强财产物资管理，为大多数单位所采用。

【例1】某公司期初甲材料库存 5 000 元，本月购入 95 000 元，本期发出 90 000 元，期末盘点实存为 8 000 元。要求按照永续盘存制计算甲材料期末账面结存金额。

甲材料期末账面结存金额＝5 000＋95 000－90 000＝10 000（元）

二、实地盘存制（又称"以存计耗制"或"以存计销制"）

（一）实地盘存制的概念

实地盘存制是指对单位的各项财产物资，平时在账簿中只登记收入数额，不登记发出数额，期末通过实物盘点来确定其结存数额，倒挤出本期发出数额的一种盘存制度。其计算公式：

本期发出数额＝期初账面结存数额＋本期收入数额－期末实际结存数额

（二）实地盘存制的优缺点

1. 优点

简便易行，平时对各项财产物资的发出和结存数量不作明细记录，大大简化了明细核算工作。

2. 缺点

不能随时反映财产物资收入、发出和结存动态状况；由于以存计耗，倒挤出的本期发出数额中可能包含了各种损耗、差错损失和短缺等。

3. 适用范围

这种盘存制度适用于鲜活、易变质、腐烂的农副产品盘存。

【例2】资料同【例1】，要求按照实地盘存制计算甲材料本期发出金额。

甲材料的本期发出金额 = 5 000 + 95 000 - 8 000 = 92 000（元）

从以上计算中可以看出：在永续盘存制下，由于各种原因会导致实存数（8 000 元）和账存数（10 000 元）不符。因此有必要进行财产清查，以确定盘盈、盘亏数额。

在实地盘存制下，由于本期发出金额是倒挤得到的，因此，92 000 大于 90 000 的部分金额也就作为了本期耗用数额，可能包含了各种损耗，无形中增加了材料成本。

在实际工作中，对于财产物资的核算和管理一般均采用永续盘存制。为了确保账实相符，也有必要加强盘点工作，定期采用与实地盘存制相结合的财产清查。

第三节　财产清查的方法

一、清查前的准备工作

财产清查是一项复杂、细致的工作。它涉及面广，工作量较大。为了更好地进行财产清查工作，必须事先做好充分的准备工作。

（一）组织准备

第一，成立由财会部门、资产管理和使用部门的业务领导、专业人员及有关职工代表组成的财产清查领导小组。

第二，做好有关人员的思想动员，积极配合开展财产清查工作。

第三，制定具体的清查工作计划进度。

第四，做好清查过程中清查质量的监督工作。

第五,将清查结果及处理意见上报有关部门审批处理。

(二)业务准备

首先,财会人员应将截至清查日止的有关财产物资账目登记齐全,结出账面余额,并做到账簿记录完整、计算准确。

其次,经管人员应将其使用和保管的各项财产物资整理整齐,并利用标签注明其品种、规格和结存的数量。

最后,清查人员应准备好盘点清册和校验好的各种计量工具。

二、财产物资和往来款项的清查

(一)实物资产的清查核对

1. 实物资产清查的具体方法

(1)**实地盘点法** 通过点数、过磅、量尺等方式,确定财产物资实有数量的盘点方法。该方法易于操作,大部分实物资产的盘点均采用此法。

(2)**技术推算盘点法** 通过技术推算(如:量方、计尺等)财产物资实有数量的盘点方法。对难以逐一清查的量大成堆、笨重的实物采用此法。

小思考7-3

机器、黄沙两种实物资产分别应采用哪种盘点方法?

2. 实物资产清查的过程

第一,盘点时,实物保管人员应在场与清查人员一起参与盘点,以明确经济责任。

第二,盘点时,对各种实物的盘点结果认真核实后填制"盘存单",并由盘点人员和该实物的经管人员共同签字或盖章。"盘存单"的一般格式如表7-1所示。它是记录实物盘点结果的书面证明,也是反映实物的实存数,并据以进行账实核对的原始凭证。"盘存单"一般一式三份,一份由清查人员留存备查,一份交实物经管人员保存,另一份交财会部门核对。

第三,盘点结束,财会部门应根据"盘存单"上所列示的各种实物的盘点结存数和会计账簿记录相核对,编制用以反映实物资产具体盈亏数额的"实存账存对比表",其一般格式如表7-2所示。为了简化编表工作,实际工作中通常只列明账实不符的物资。

第四,清查人员应以"实存账存对比表"为基础,分析查明账实不符的性质和原因,按规定程序报请有关部门领导予以审批处理。

第五,清查人员应针对清查中发现的问题提出改进措施。

表7-1

盘存单

单位名称: 　　　　　　　　　 年　　月　　日　　　　　　　　　 编号:

财产类别: 　　　　　　　　　 存放地点:

编号	名称	计量单位	数量	单价	金额	备注

盘点人(签章): 　　　　　　　　　　　　　 实物保管人(签章):

表 7-2

实存账存对比表

单位名称：　　　　　　　　　　　　　　年　　月　　日

编号	类别与名称	计量单位	单价	实际盘存		账面结存		对比结果				备注
								盘盈		盘亏		
				数量	金额	数量	金额	数量	金额	数量	金额	

主管人员(签章)：　　　　　　会计(签章)：　　　　　　制表(签章)：

(二)货币资金的清查核对

货币资金包括库存现金、银行存款和其他货币资金。对货币资金的清查主要是清查库存现金和银行存款。

1. 库存现金的清查

(1)库存现金清查的方法　库存现金的清查采用实地盘点法。在清查当日,通过盘点确定库存现金的库存数额,并与库存现金日记账当天的账面结存余额相核对,以查明盈亏情况。

(2)库存现金清查的过程　①盘点前,出纳人员先将库存现金的收、付款凭证全部登记入账,结出库存现金余额并填列在"库存现金盘点报告表"的"账存金额"栏内;②盘点时,要求清查人员和出纳人员均在场,清点现金实存数;③盘点完毕后,将盘点结果填列在"库存现金盘点报告表"的"实存金额"栏内;④将实存金额与账存金额相核对,确定盈亏,并对差异进行分析和调整。

库存现金盘点报告表一般格式如表7-3所示。它是库存现金清查中的重要原始凭证,同时兼具"盘存单"和"实存账存对比表"的作用。

库存现金清查时要注意有无以白条抵充现金、库存现金超过限额、坐支现金等现象和尚未入账的临时性借条及暂未领取的代保管现金等情况,在备注栏中说明并作出适当处理。

小知识 7-1

➤ 白条是指未经领导批准的收付款凭单。

➤ 库存现金限额一般由单位提出计划,经开户银行核定,一般为本单位 3～5 天的日常零星开支所需额。

➤ 坐支是指将单位销售所得的收入直接用来支付自身的支出(银行特许者除外)。

表 7-3

库存现金盘点报告表

单位名称：　　　　　　　　　　　　　　年　　月　　日

实存金额	账存金额	对比结果		备注
		盘盈	盘亏	

盘点人(签章)：　　　　　　　　　　　出纳员(签章)：

2. 银行存款的清查

（1）**银行存款清查的方法**　银行存款的清查主要采用账项核对的方法。企业将银行存款日记账与开户银行转来的"银行对账单"逐笔进行核对，以查明账实是否相符。

"对账单"是开户银行用来记录单位一定时期内存款的增减和结存情况的复制账页。

（2）**银行存款清查的过程**　①在核对账目前，先详细检查本单位银行存款日记账记录的准确性与完整性；②在与银行送来的对账单逐日逐笔核对时，不仅要核对金额，还要核对收付款内容和结算凭证的种类及其编号；凡双方都有记录的，用铅笔在记录旁打上记号"√"。③对银行存款日记账和银行对账单中没有打"√"的款项进行分析和调整。

（3）**银行存款清查结果的分析**　对于银行存款清查，往往会出现单位的银行存款日记账的账面余额和银行对账单上的存款余额不相符的情况。

究其原因主要有，一是由于一方或双方记账错误引起，如：错记、漏记、串户记账等；二是由于单位和银行入账时间不同所致的未达账引起。

所谓未达账是指单位与银行之间对于同一项经济业务，因结算凭证传递时间的差别而发生的一方已取得结算凭证并已登记入账，另一方尚未取得结算凭证而尚未入账的款项。未达账有以下四种情形：

第一种，单位已记收款而银行未记收款的账项。

例如，单位销售库存商品收到转账支票，送存银行后，即可根据银行"进账单"回单联登记银行存款的增加，而银行则要收妥后再记增加。如果此时对账，就会出现单位已收，银行未收的款项。

第二种，单位已记付款而银行未记付款的账项。

例如，单位签发转账支票支付购料款后，即可根据支票存根、购货发票及收料单等凭证登记银行存款的减少，而持票人尚未到银行办理转账手续，银行也尚未付款记减少。如果此时对账，就会出现单位已付，银行未付的款项。

第三种，银行已记收款而单位未记收款的账项。

例如，外地某单位给本单位汇来款项，银行收到汇款单后，即可登记款项增加，而单位由于尚未取得银行的收款通知未登记银行存款增加。如果此时对账，就会出现银行已收，单位未收的款项。

第四种，银行已记付款而单位未记付款的账项。

例如，单位委托银行代付的款项（如：水电费等），银行在付款后，即可登记银行存款减少，而单位尚未接到银行付款通知未记银行存款减少。如果此时对账，就会出现银行已付，单位未付的款项。

小思考 7-4

出现哪两种情况会使银行存款日记账余额大于银行对账单余额？

出现哪两种情况会使银行对账单余额大于银行存款日记账余额？

（4）**银行存款清查结果的处理**　对于银行存款清查中出现的单位银行存款日记账的账面余额和银行对账单上的存款余额不相符的不同原因进行相应的处理。若为记账错引起，属于银行责任的，应督促银行更正；属于单位责任的，应查明原因，采用一定的方法予以更正;若因未达账引起的,应采用余额调节法,即编制"银行存款余额调节表",以查明银行存款余额的真实数字,掌握单位可动用的银行存款实际数额。

"银行存款余额调节表"的编制方法是以单位、银行双方调整前的账面余额为基础,各自加(或减)对方已入账而本方尚未入账的未达账项(包括增加额和减少额),计算出双方各自调整后的余额。其编制时的计算公式:

$$单位银行存款日记账账面余额＋银行已收单位未收数额－银行已付单位未付数额$$
$$＝银行对账单存款余额＋单位已收银行未收数额－单位已付银行未付数额$$

【例3】某企业20××年2月28日银行存款日记账账面余额为83 000元,开户银行转来的银行对账单存款余额为79 000元,经逐笔核对,发现有以下未达账项:

① 企业送存银行转账支票一张,金额12 000元,银行尚未入账;

② 企业托收的销货款9 000元,银行已收妥入账,企业尚未接到收款通知单;

③ 企业开出一张金额为3 000元的转账支票支付广告费用,银行尚未收到该转账支票;

④ 银行代付水电费4 000元已登记入账,企业未接到付款通知单。

根据上述未达账项,编制银行存款余额调节表如表7-4所示。

表7-4

银行存款余额调节表

20××年2月28日　　　　　　　　　　　　　　　　　单位:元

项　　目	金额	项　　目	金额
企业银行存款日记账账面余额	83 000	银行对账单的存款余额	79 000
加:银行已收,企业尚未入账的销货款	9 000	加:企业已收,银行尚未入账的转账支票	12 000
减:银行已代付,企业尚未入账的水电费	4 000	减:企业已付,银行尚未入账的转账支票	3 000
调节后的存款余额	88 000	调节后的存款余额	88 000

计算过程如下: $83 000＋9 000－4 000＝79 000＋12 000－3 000＝88 000$ (元)

注意:银行存款余额调节表中调节后的存款余额与原来的银行存款余额之间的差异,在会计上不作处理。即单位的"银行存款"账户和银行存款日记账仍保持原来的账面余额,该表只起到对账的作用,并不能作为编制凭证和调整账簿记录的依据。对于其中所涉及的未达账项,必须在收到有关结算凭证后方可按正常程序作会计处理。若双方调整后的余额相等,一般表明双方记账正确,反之则说明某一方或双方记账有误,应进一步逐笔核对。同时,对多次对账后仍未到达的未达账项应进一步查清原因。

(三) 往来款项的清查核对

1. 往来款项清查的方法

单位的往来款项主要包括应收、应付款和预收、预付款等,其采用的清查方法一般是通过发函询证与债权债务单位核对账目。

2. 往来款项清查的过程

首先,单位将截至清查日时的有关结算凭证全部登记入账,确保往来账款的总分类账与明细分类账的余额相等。

其次,在确保应收、应付款项余额正确的基础上,编制一式二联的对账单,送交对方单位进行核对。

第三,对方单位核对后,应将核对结果在对账单上注明,并将其中一联作为回单加盖公章后退回清查单位,另一联留存。

最后,在收到回单后,应填制"往来款项清查报告单",并及时催收账款,积极处理呆账悬案。

"往来款项清查报告单"的格式如表 7-5 所示。

表 7-5

往来款项清查报告单

总分类账户名称:　　　　　　　　　　20××年×月×日

明细分类账户		清查结果		核对不符原因分析			备注
名称	账面余额	核对相符金额	核对不符金额	未达账项金额	有争议款项金额	其他	

记账员(签章):　　　　　　　　　　　　　　　　清查人员(签章):

核对时,应注意有无未达账项,如有未达账项,双方应查明有无有争议的款项以及无法收回的款项,以便及时采取措施,防止或减少坏账损失。

第四节　财产清查结果的账务处理

财产清查中,发现账面数额与实存数额之间存在差异时,必须按国家有关财务制度的规定,严肃认真地进行原因分析,并据实提出处理意见,进行相应的账务处理。

一、设置账户

"待处理财产损溢" 是一个过渡性的暂记账户,该账户属于双重性质的资产类账户。用来核算单位在财产清查过程中发生的各种财产物资的盘盈、盘亏或毁损及其处理。借方登记发生的盘亏或毁损数额和盘盈报批后的核销数额;贷方登记发生的盘盈数额和盘亏或毁损报批后的核销数额;期末余额在借方,表示尚待批准处理的净损失;期末余额在贷方,表示尚待批准处理的净盈余。

按现行会计制度的规定,对待处理财产损溢应及时报批处理,并在期末结账前处理完毕。如果在期末结账前尚未经批准的,应先行处理,并在对外提供的会计报表附注中作出说明。所以,该账户在期末结账后应该没有余额。

"待处理财产损溢"账户应按溢缺资产的流动性不同,分别设置"待处理流动资产损溢"和"待处理非流动资产损溢"两个明细账。

二、财产清查结果的账务处理

财产清查结果的账务处理需分成两步,第一步是报批前调整账簿记录,第二步是报批后针对盈亏原因作出相应的处理。下面分别予以说明。

(一)资产清查结果账务处理的一般规定

第一,定额内自然损耗、收发计量形成的流动资产盘亏,计入"管理费用"账户;由于自然灾害造成的流动资产盘亏,将其(扣除残料价值、保险公司和过失人的赔偿部分)计入"营业外支出"账户。

第二,自然升溢、收发计量原因形成的流动资产盘盈,转入"管理费用"账户,冲减当期费用。

第三,盘亏、毁损固定资产,将其扣除折旧后的净价,记入"营业外支出"账户。

第四,发现账外固定资产,应当作为前期差错按重置成本记入"以前年度损益调整"账户。

第五,责任事故应由过失人赔偿。

【例4】某企业在财产清查中,盘盈材料一批,计1 000元。

在报经批准前,根据"实存账存对比表"确定的材料盘盈数额,编制会计分录如下:

借:原材料　　　　　　　　　　　　　　　1 000
　　贷:待处理财产损溢——待处理流动资产损溢　　　　　1 000

经查明,上述材料系平时计量误差所致,经批准冲减"管理费用"。

借:待处理财产损溢——待处理流动资产损溢　1 000
　　贷:管理费用　　　　　　　　　　　　　　　　　　　　1 000

【例5】某企业在财产清查中,盘亏库存商品,价值为600元。

在报经批准前,根据"实存账存对比表"确定的商品盘亏数额,编制会计分录如下:

借:待处理财产损溢——待处理流动资产损溢　600
　　贷:库存商品　　　　　　　　　　　　　　　　　　　　600

经清查盘亏库存商品中,200元系由于管理措施不到位造成,经批准作"管理费用"处理;400元系由于保管员失职造成,记入"其他应收款"。

借:管理费用　　　　　　　　　　　　　　200
　　其他应收款　　　　　　　　　　　　　400
　　贷:待处理财产损溢——待处理流动资产损溢　　　　　600

【例6】某企业在财产清查中,发现购入的原材料实际库存较账面库存短缺600元。(假定该企业为增值税一般纳税人,增值税税率为13%)

经财产清查发现的盘盈、盘亏,应先按发生数记入"待处理财产损溢"账户。若是原材料盘亏,根据增值税会计处理的规定,该材料在购入时支付的增值税进项税额也应与遭受损失的购进材料、库存商品成本一样一并转出,记入"待处理财产损溢"账户。

在报经批准前,根据"实存账存对比表"确定的材料盘亏数额,编制会计分录如下:

借:待处理财产损溢——待处理流动资产损溢　678
　　贷:原材料　　　　　　　　　　　　　　　　　　　　600
　　　　应交税费——应交增值税(进项税额转出)　　　　　78

经清查盘亏原材料中,200元系由于运输途中的遗失,由保险公司负责赔偿;50元属于定额内的自然损耗;350元系由于非常损失造成,作"营业外支出"处理。

根据批准处理意见,转销材料盘亏时,编制会计分录如下:

借:管理费用　　　　　　　　　　　　　56.50
　　其他应收款——保险公司　　　　　　226
　　营业外支出　　　　　　　　　　　　395.50
　　贷:待处理财产损溢——待处理流动资产损溢　　　　　678

【例7】某企业在财产清查中,盘亏运输车辆一部,账面原价32 000元,已提折旧18 000元。

在报经批准前,根据"账存实存对比表"确定的固定资产盘亏数额,编制会计分录如下:

借:待处理财产损溢——待处理非流动资产损溢　　　　14 000
　　累计折旧　　　　　　　　　　　　　　　　　　　18 000
　　贷:固定资产　　　　　　　　　　　　　　　　　　　　　　　32 000

在批准后,根据批准处理意见,核销待处理财产损溢时,编制会计分录如下:

借:营业外支出　　　　　　　　　　　　　　　　　　14 000
　　贷:待处理财产损溢——待处理非流动资产损溢　　　　　　　14 000

对于单位在财产清查中盘亏的固定资产,在报经批准处理前,应按盘亏固定资产的原价记入"固定资产"账户,报经批准后,将其净价记入"营业外支出"账户。

【例8】某企业在财产清查过程中,发现账外机器一台,估计价值为6 000元。

盘盈时,编制会计分录如下:

借:固定资产　　　　　　　　　　　　　　　　　　6 000
　　贷:以前年度损益调整　　　　　　　　　　　　　　　　　6 000

对于单位在财产清查中盘盈的固定资产,按盘盈固定资产的估计价值记入"固定资产"账户,同时记入"以前年度损益调整"账户。

"以前年度损益调整"账户为损益类过渡性科目,借方表示减少,贷方表示增加,余额最终转入"利润分配——未分配利润"账户。

(二)往来款项清查结果账务处理的一般规定

单位在财产清查中查明的确认已经无法收回的应收款项,经批准后,可采用直接冲销法记入"管理费用",也可采用备抵法转销"坏账准备",不需通过"待处理财产损溢"账户核算。

对于经查明确认无法支付的应付款项,可按规定程序报经批准后,转作"营业外收入"。

小知识 7-2

坏账是指单位无法收回或收回的可能性较小的应收款项。由于发生坏账而产生的损失,称为坏账损失。

坏账损失的处理方法:

➤ "直接冲销法",即在确认应收款项无法收回时直接记入"管理费用"。(借记"管理费用",贷记"应收账款"等)

➤ "坏账备抵法",即在平时按规定比率计提坏账准备金,先记入"资产减值损失",形成坏账准备(借记"资产减值损失",贷记"坏账准备");待坏账发生时,再冲减"坏账准备"。(借记"坏账准备",贷记"应收账款"等)

(三)库存现金清查结果账务处理的一般规定

对于盘盈的库存现金,若需要支付或退还他人的,应记入"其他应付款"账户;若无法查明原因的,记入"营业外收入"账户。

对于盘亏的库存现金,若因管理不善等原因造成的净损失,记入"管理费用"账户;若因自然灾害等原因造成的净损失,记入"营业外支出"账户;若将由保险公司或过失人赔偿的,

基础会计(第六版)

记入"其他应收款"账户。

【例9】库存现金清查结束后,发现短缺140元,原因待查。

在报经批准前,根据"库存现金盘点报告表"确定的库存现金盘亏数额,编制会计分录如下:

借:待处理财产损溢——待处理流动资产损溢 140
  贷:库存现金   140

经核查,其中50元应由出纳员张×承担责任;另90元无法查明原因,经批准由"管理费用"负担。

根据批准处理意见,转销库存现金盘亏时,编制会计分录如下:

借:其他应收款——张× 50
  管理费用 90
  贷:待处理财产损溢——待处理流动资产损溢 140

财产清查的基本账务处理	
盘盈	**盘亏**

流动资产盘盈:
 ① 发现时:
 借:原材料
   库存商品
   贷:待处理财产损溢——待处理流动资产损溢
 ② 审批后:
 借:待处理财产损溢——待处理流动资产损溢
   贷:管理费用
 固定资产盘盈:
 发现时直接处理为:
 借:固定资产
   贷:以前年度损益调整
	① 发现时:
	 借:待处理财产损溢——待处理流动(非流动)资产损溢
	   累计折旧*
	   贷:原材料
	    库存商品
	    固定资产
	    应交税费——应交增值税(进项税额转出)**
	 ② 审批后:
	 借:营业外支出(固定资产盘亏或资产毁损时)
	   管理费用(流动资产盘亏时)
	   其他应收款(过失人或保险赔偿时)
	   贷:待处理财产损溢
	    ——待处理流动(非流动)资产损溢

注:＊盘亏固定资产时用

 ＊＊盘亏原材料时用

第八章　财务会计报告

【学习目标】

　　编制财务会计报告是在日常核算的基础上对经济活动的过程和结果进行综合反映的一种专门的会计核算方法。通过本章的学习，熟悉整个财务会计报告体系，重点熟悉资产负债表和利润表的结构、内容，学会资产负债表和利润表的编制方法。

第一节　财务会计报告概述

一、财务会计报告的意义

(一) 财务会计报告的概念

财务会计报告是指单位向有关各方面及国家有关部门提供的财务状况、经营成果及现金流量情况的书面文件。它包括财务报表、财务报表附注和其他应当在财务报表中披露的相关信息和资料等内容。

财务报表是以货币为计量单位,根据日常会计核算资料定期编制的,总括反映单位在某一特定日期的财务状况,以及某一会计期间的经营成果、现金流量情况的书面报告,是财务会计报告的主要组成部分。

财务报表附注是财务报表的补充,主要是对财务报表中列示项目的文字描述或明细资料,以及对未能在这些报表中列示项目的说明等。

(二) 编制财务会计报告的意义

会计工作的目的是向单位的管理者和决策者提供有用的会计信息。虽然会计人员已对单位日常发生的经济业务在会计凭证和账簿中作了连续、系统、全面地记录,但这些日常核算资料仍不能集中、概括、相互联系地反映单位的经济活动及其经营成果的全貌,以满足信息使用者的需要。为此,还需要进一步对核算资料按照一定的要求和格式进行加工整理。

财务会计报告,特别是其中的财务报表,就成了为人们提供会计信息的"商业语言"载体,财务报表信息是单位经营活动的"晴雨表"。其具体作用表现在以下几个方面:

第一,财务会计报告为内部的经营管理者进行日常经营管理提供依据;

第二,财务会计报告为现时和潜在的投资者作出投资决策提供依据;

第三,财务会计报告为债权人和银行判断单位资金运转情况和偿债能力提供依据;

第四,财务会计报告为财政、工商、税务、审计等部门实施检查、监督管理提供依据。

二、财务报表的种类

(一) 按照所反映的经济内容不同,可分为资产负债表、利润表、现金流量表和所有者权益变动表

资产负债表是反映本单位在某一特定日期财务状况的报表,包括全部资产、负债和所有者权益项目,它是一种静态报表,又称时点报表。资产负债表的附列报表有"应交增值税明细表"等。

利润表是反映本单位在一定期间经营成果的报表,包括所有的收入、费用和利润项目,它是一种动态报表,又称时期报表。利润表的附列报表有"主营业务收支明细表"。

现金流量表是以现金为基础编制的反映本单位一定会计期间现金流入、流出和现金净流量情况的报表,它也是一种动态报表。

所有者权益变动表是反映本单位在某一特定日期所有者权益增减变动情况的报表。该

表全面反映了单位的所有者权益在年度内的变化情况,便于会计信息使用者深入分析单位所有者权益的增减变化情况,进而对单位的资本保值、增值情况作出正确判断,从而提供对决策有用的信息。

(二)按照报送对象不同,可分为对外和对内财务报表

对外财务报表,是按规定必须向政府有关部门和单位投资者和债权人等报送的财务报表。它包括"资产负债表""利润表""现金流量表"和"所有者权益变动表"。其具体格式、编制方法和报送时间均由财政部统一规定,任何单位都不得随意增减。

对内财务报表,是单位根据内部经营管理需要自行设计、填制的报表,一般不对外公开。它包括反映本单位收支情况的"主营业务收支明细表"和反映成本、费用情况的"产品生产成本表"。

(三)按照编制时间不同,分为年度财务报表和中期财务报表

年度财务报表又称年报,在年度终了时编制,用以总括反映本单位年度终了时的财务状况和全年经营成果情况的财务报表。主要包括"现金流量表""所有者权益变动表"及其他附表,也包括月度报送的"资产负债表""利润表"。

中期财务报表又称中报。在年度中期(如:季度、月度)时编制,用以总括反映单位会计年度中期的财务状况和经营成果情况的财务报表。主要包括"资产负债表""利润表"及"应交增值税明细表"。

另外,财务报表还可按编制主体不同分为个别和合并财务报表两类;按照编制单位不同分为单位和汇总报表两类。

下面将现行会计制度规定的工业企业财务报表分类列表如表8-1所示。

表8-1

企业财务报表分类表

编　号	财务报表名称	资金运动表现	编报期	报送对象
会企01表	资产负债表	静态	月报	对外
会企02表	利润表	动态	月报	对外
会企03表	现金流量表	动态	年报	对外
会企04表	所有者权益变动表	动态	年报	对外
会企01表附表1	应交增值税明细表	动态	月报	对外
会企02表附表1	主营业务收支明细表	动态	年报	对内

需要注意的是,本书只对"资产负债表"和"利润表"的编制方法作详细介绍,其他财务报表从略。

三、财务报表的编制要求

编制财务报表是一项严肃的工作,编表单位必须以保证质量为前提,才能使提供的会计信息准确、及时、有用。为此,必须符合以下各项要求:

(一)数字真实

财务报表必须根据登记完整、核对无误、计算准确的账簿记录进行编制,如实地反映单

位的经济活动情况。只有依据真实的报表资料，才能作出正确的经营决策，不得任意估算数字和弄虚作假。

（二）说明清楚

会计处理方法的变更情况及其对财务状况和经营成果的影响、有关重要项目的明细资料和其他有助于理解和分析报表的事项应当在财务报表附注栏中加以说明。不夸大，不缩小，不隐瞒，不伪造。

（三）内容完整

编制财务报表时必须将表内项目和补充资料填列完整。如果报表内容不全，就无法在年度之间和单位之间进行纵向和横向比较。

（四）报送及时

财务报表必须按照财务制度规定的期限如期编制、及时对外报送，以满足各方面对财务报表资料的需要。

小知识 8-1

现行企业财务制度规定，月度报表应于月份终了后的 6 天内报出，年度报表于年度终了后的 35 天内报出。

第二节　资产负债表

一、资产负债表的意义

（一）资产负债表的概念

资产负债表是反映本单位在某一特定日期（月末、季末、半年末和年末）的财务状况，即资产、负债及所有者权益构成情况的财务报表。

（二）资产负债表的作用

资产负债表是单位投资者和债权人最为关心的重要报表之一。其作用表现在：

第一，通过资产负债表，可以了解单位某一特定日期的资产总额及其结构，即其拥有或控制的经济资源及其分布情况；

第二，通过资产负债表，可以了解单位某一特定日期的资金来源渠道及其构成情况，即其负债总额及其结构、所有者权益的构成情况等；

第三，通过资产负债表，可以运用财务指标（如：流动比率、速动比率等）进行计算分析，了解其财务实力、偿债能力和支付能力；

第四，通过对前后期的资产负债表比较分析，可以了解单位的发展变化趋势，便于投资者和债权人进行正确的经营决策、投资决策和筹资决策。

基础会计（第六版）

小知识8-2

流动比率与速动比率是反映企业短期偿债能力的两个指标。

➤ 流动比率是流动资产与流动负债的比率,用于评价企业流动资产在短期债务到期前可以变为现金用于偿还流动负债的能力。流动比率通常以2∶1为准。

➤ 速动比率是流动资产减去存货、预付账款、一年内到期的非流动资产后的速动资产与流动负债的比率,用于衡量企业流动资产中可以立即用于偿付流动负债的能力。速动比率通常以1∶1为准。

二、资产负债表的结构

(一) 资产负债表的结构

资产负债表通常由表首、正表两部分组成。表首包括报表名称、编制单位的名称、日期和金额单位;正表是报表的基本部分,包括报表的形式、项目的分类和排列顺序。

资产负债表的结构是按照资产总额与负债、所有者权益总额之间的平衡关系分成左右两方的账户式结构。其编表的理论依据是:

$$资产＝负债＋所有者权益$$

报表的左方表明某一时间持有的不同形态的资产结存额,右方表明某一时间对不同债权人所应承担的偿付责任和单位在偿债后归属于投资人的净资产结存额。其中,资产要素项目按其流动性的强弱(即变现能力的大小)排序,如:流动资产、非流动资产等;负债要素项目按偿还期限的长短排序,如:流动负债、非流动负债等;所有者权益要素项目按永久性递减排序,如:实收资本、资本公积、盈余公积等。

现将资产负债表的简要格式如表8-2所示。

表8-2

资产负债表(简表)

编制单位:　　　　　　　　　　×年×月×日　　　　　　　　　　单位:元

资　产	负债及所有者权益
一、流动资产合计 二、非流动资产合计	一、流动负债合计 二、非流动负债合计 三、负债合计 四、所有者权益合计
资产总计	负债和所有者权益总计

三、资产负债表的编制方法

资产负债表的日期填列为报告期中某一天的日期,如某年某月某日,一般为月末、季末、半年末和年末最后一天。资产负债表内的数字主要是根据资产、负债和所有者权益三类项目中有关总分类账户及明细分类账户的期末余额填列。在填列时应注意以下各点:

(一) 填制依据

(1) 资产负债表各项目的"期末余额"栏内的数字,可以根据有关账户(总账或明细账)的

基础会计(第六版)

期末余额填列。

(2) 资产负债表各项目的"年初余额"栏内的数字,应根据上年末资产负债表"期末余额"栏内所列数字填列。

(二) 填制方法

1. 直接填列

大多数项目是根据总账的期末余额直接填列,如:"交易性金融资产""应收票据""应付职工薪酬"等。

2. 合计填列

有些项目是根据总账的期末余额合计填列。

(1)"货币资金"项目 根据"库存现金""银行存款""其他货币资金"三个总账的期末余额合计数填列。

(2)"存货"项目 根据"原材料""在途物资""库存商品""生产成本""周转材料"等总账的期末余额合计数填列。

(3)"未分配利润"项目 需要视不同情况而定。平时填表时,应将"本年利润"总账的期末贷方余额减去"利润分配"总账的借方发生额,有未弥补的亏损在本项目内以"—"号填列;年末填表时,因年末"本年利润"科目已结转入"利润分配",应直接根据"利润分配"总账的期末贷方余额填列,借方余额以"—"号填列。

(4)"固定资产"项目 应以"固定资产"总账余额减去"累计折旧"总账余额后的差额填列。

3. 分析填列

有些项目是根据总账或所属明细账的期末余额分析填列。

(1) 根据有关总账所属明细账的期末余额分析填列 例如"应收账款"项目,根据"应收账款""预收账款"总账所属相关明细账的期末借方余额合计数填列;"应付账款"项目,根据"应付账款""预付账款"总账所属相关明细账的期末贷方余额合计数填列。

(2) 根据总账和明细账余额分析填列 例如"长期借款"项目,根据"长期借款"总账期末余额,扣除该总账所属明细账中反映的将于一年内到期的长期借款部分分析计算填列;"长期股权投资"项目,需要根据"长期股权投资"总账期末余额,扣除该总账所属的明细账中反映的将于一年内到期的长期股权投资部分分析计算填列。

四、资产负债表编制举例

【例1】假设亿科公司20××年12月31日全部总账科目和有关明细科目的余额,如表8-3所示。

表8-3

账户余额表

20××年12月31日

总账	明细账	借方余额	贷方余额	总账	明细账	借方余额	贷方余额
库存现金		500		无形资产		40 000	
银行存款		25 000		短期借款			86 000
交易性金融资产		18 000		应付账款			24 000

总账	明细账	借方余额	贷方余额	总账	明细账	借方余额	贷方余额
应收账款		23 000			C公司		20 000
	甲公司	10 000			D公司	4 000	
	乙公司		2 000		E公司		8 000
	丙公司	15 000		预收账款			8 000
预付账款		4 700			丁公司		9 000
	A公司	5 000			戊公司	1 000	
	B公司		300	其他应付款			12 000
其他应收款		5 000			代扣款		12 000
	李利	2 000		应付职工薪酬			34 000
	王华	4 000		应交税费			68 000
	郑明		1 000	应付股利			33 000
原材料		56 000		长期借款			60 000
生产成本		7 000		实收资本			280 000
库存商品		60 000		资本公积			13 000
长期股权投资		250 000		盈余公积			25 200
固定资产		420 000		利润分配			86 000
累计折旧			180 000	未分配利润			86 000

根据上述资料,编制亿科公司20××年12月31日的资产负债表,如表8-4所示。

表8-4

资产负债表

编表单位:亿科公司　　　　　　　　　　20××年12月31日　　　　　　　　　　单位:元

资产	行次	期末余额	年初余额	负债及所有者权益	行次	期末余额	年初余额
流动资产:				流动负债:			
货币资金	1	25 500	26 000	短期借款	18	86 000	60 000
交易性金融资产	2	18 000	12 000	应付账款	19	28 300	32 000
应收账款	3	26 000	30 000	预收账款	20	11 000	10 000
预付账款	4	9 000	6 000	其他应付款	21	13 000	8 000
其他应收款	5	6 000	3 000	应付职工薪酬	22	34 000	37 000
存货	6	123 000	103 000	应交税费	24	68 000	60 000
一年内到期的非流动资产	7			应付股利	25	33 000	44 000
流动资产合计	8	207 500	180 000	流动负债合计	26	273 300	251 000

资产	行次	期末余额	年初余额	负债及所有者权益	行次	期末余额	年初余额
非流动资产：				非流动负债：			
长期股权投资	9	250 000	250 000	长期借款	27	60 000	66 000
固定资产	10	240 000	280 000	非流动负债合计	28	60 000	66 000
在建工程	11			负债合计	29	333 300	317 000
工程物资	12			所有者权益：			
固定资产清理	13			实收资本	30	280 000	280 000
无形资产	14	40 000	3 000	资本公积	31	13 000	18 000
长期待摊费用	15			盈余公积	32	25 200	40 000
非流动资产合计	16	530 000	533 000	未分配利润	33	86 000	58 000
				所有者权益合计	34	404 200	396 000
资产总计	17	737 500	713 000	负债和所有者权益总计	35	737 500	713 000

在填写表中的有关项目时，应注意：①表中"年初余额"栏系根据上年末该表"期末余额"栏有关数据直接填列。②表中"期末余额"栏主要根据该公司20××年12月31日全部总账和有关明细账的期末余额填列。

现将需分析计算填列的有关项目列示如下：

① 货币资金＝"库存现金"账户期末借方余额＋"银行存款"账户期末借方余额＝500＋25 000＝25 500（元）

② 应收账款＝"应收账款——甲公司"账户期末借方余额＋"应收账款——丙公司"账户期末借方余额＋"预收账款——戊公司"账户期末借方余额＝10 000＋15 000＋1 000＝26 000（元）

③ 预付账款＝"预付账款——A公司"账户期末借方余额＋"应付账款——D公司"账户期末借方余额＝5 000＋4 000＝9 000（元）

④ 应付账款＝"应付账款——C公司"账户期末贷方余额＋"应付账款——E公司"账户期末贷方余额＋"预付账款——B公司"账户期末贷方余额＝20 000＋8 000＋300＝28 300（元）

⑤ 预收账款＝"预收账款——丁公司"账户期末贷方余额＋"应收账款——乙公司"账户期末贷方余额＝9 000＋2 000＝11 000（元）

⑥ 其他应付款＝"其他应付款——代扣款"账户期末贷方余额＋"其他应收款——郑明"账户期末贷方余额＝12 000＋1 000＝13 000（元）

⑦ 其他应收款＝"其他应收款——李利"账户期末借方余额＋"其他应收款——王华"账户期末借方余额＝2 000＋4 000＝6 000（元）

⑧ 未分配利润＝"利润分配"账户期末贷方余额＝86 000（元）

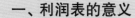

第三节　利润表

一、利润表的意义

（一）利润表的概念

利润表是指总括反映单位在一定期间(年度、月度)的经营成果,即其实现的收入和发生的费用以及利润(或亏损)形成情况的财务报表。

（二）利润表的作用

第一,通过利润表,可以反映单位一定时期的利润形成过程及经营成果。

第二,通过利润表不同时期(本期与上年该期、本年累计与上年全年)的数字比较,可以分析、预测单位的盈利能力和资金的运用效果。

第三,通过利润表,可以评价单位在未来一定时期内的利润发展趋势,便于投资者和外部利害关系集团作出正确的投资决策。

二、利润表的结构

利润表的结构,是按照收入、费用和利润及其所包括的项目之间的内在关系,以一定的格式排序的多步式结构。其编表依据是:

收入 － 费用 ＝ 利润

该表项目根据利润构成的主次分段,分为营业收入、营业利润、利润总额和净利润四个部分。经过每一步骤的计算,分别形成一项利润指标,以供使用者分析使用。

第一步,计算营业利润。

营业利润 ＝ 营业收入 － 营业成本 － 税金及附加 － 销售费用
－ 管理费用 － 财务费用 ＋ 投资净收益

第二步,计算利润总额(或亏损总额)。

利润总额 ＝ 营业利润 ＋ 营业外收入 － 营业外支出

第三步,计算净利润(或净亏损)。

净利润 ＝ 利润总额 － 所得税费用

利润表的格式如表8-6所示。

利润表的表首与资产负债表基本相同。由于该表是一张反映单位某一报告期间经营成果的动态报表,所以编制日期应是一个报告期间,一般为"某月度"或"某年度"或"某年某月某日至某月某日"。正表部分分为"本期金额""上期金额"两栏(年度报表分为"本年累计金额""上年金额"两栏)。

三、利润表的编制方法

利润表的编制方法主要是根据损益类账户的本期发生额直接填列,但有些项目还需根

基础会计（第六版）

据表中若干项目的数字分析计算后填列。

第一,计算利润表中各利润项目(其计算公式已在报表的结构中作出说明)。(见本章)

第二,利润表个别项目的编制说明:

① "本期金额"栏,反映各项目本期的实际发生数额。

② "上期金额"栏,反映上年该期利润表"本期金额"栏内所列数字。

在编制年度利润表时,应将"本期金额"栏改为"本年累计金额",填列各项目自年初起至本期末止的累计实际发生数额;将"上期金额"栏改为"上年金额",填列上年全年累计实际发生数额,从而与"本年累计金额"栏各项目进行比较。

③ 营业收入包括主营业务收入和其他业务收入;营业成本包括主营业务成本和其他业务成本。

④ "利润总额"项目,反映单位实现的利润总额。如为亏损,则用"－"号填列。

⑤ "净利润"项目,反映单位实现的净利润。如为亏损,则以"－"号填列。

四、利润表编制举例

【例 2】仍以亿科公司为例,该公司 20××年 12 月份损益类账户发生额如表 8-5 所示。

表 8-5

损益类账户发生额

账 户	借方发生额	贷方发生额
主营业务收入		510 500
主营业务成本	345 500	
税金及附加	4 000	
管理费用	7 000	
财务费用	2 000	
销售费用	2 000	
营业外收入		8 000
营业外支出	7 000	
所得税费用	37 750	

要求:

① 根据上述资料,编制利润表(见表 8-6)

表 8-6

利 润 表

编制单位:亿科公司　　　　　　　　　20××年 12 月　　　　　　　　　单位:元

项　　目	行次	本期金额	上期金额
一、营业收入	1	510 500	495 000
减:营业成本	2	345 500	353 000

项　　目	行次	本期金额	上期金额
税金及附加	3	4 000	2 000
销售费用	4	2 000	3 000
管理费用	5	7 000	5 000
财务费用（收益以"－"号填列）	6	2 000	2 000
资产减值损失			
加：投资净收益（净损失以"－"号填列）	7		
二、营业利润（亏损以"－"号填列）	8	150 000	130 000
加：营业外收入	9	8 000	9 600
减：营业外支出	10	7 000	5 600
其中：非流动资产处置净损失（净收益以"－"号填列）	11		
三、利润总额（亏损总额以"－"号填列）	12	151 000	134 000
减：所得税费用	13	37 750	33 500
四、净利润（亏损以"－"号填列）	14	113 250	100 500

② 表中有关项目的计算

A. 营业利润＝营业收入－营业成本－税金及附加－销售费用－管理费用－财务费用＋投资净收益＝510 500－345 500－4 000－7 000－2 000－2 000＋0＝150 000（元）

B. 利润总额＝营业利润＋营业外收入－营业外支出
　　　＝150 000＋8 000－7 000＝151 000（元）

C. 净利润＝利润总额－所得税费用
　　　＝151 000－37 750＝113 250（元）

第九章 会计处理程序

【学习目标】

会计处理程序是指由账簿组织、记账程序和记账方法三者有机结合起来的账务体系。通过本章的学习,了解会计实务中使用较为普遍的各种会计处理程序,重点熟悉记账凭证会计处理程序与科目汇总表会计处理程序的特点、使用的会计凭证和账簿、账务处理的程序及其适用范围等,以便在实际工作中把握多种多样的会计处理的基本原理和基本处理程序。

第一节　会计处理程序概述

一、会计处理程序的意义

（一）会计处理程序的概念

会计处理程序又称账务处理程序，它是由账簿组织、记账程序和记账方法三者有机结合起来的账务体系。其中，账簿组织是会计处理程序的核心，它主要是指设置的凭证和账簿的种类、格式以及各种账簿之间的相互关系。记账程序是根据审核后的会计凭证登记各种账簿，根据账簿记录编制财务报表的工作程序。

具体地说，会计处理程序是指从审核原始凭证、填制记账凭证开始，到登记日记账、明细分类账和总分类账，再到编制财务报表的全过程组织程序和方法。

（二）会计处理程序的意义

合理的会计处理程序对于科学组织会计核算工作，提高会计核算质量，保证会计信息真实、完整，充分发挥会计在经济管理中的作用，都具有十分重要的意义。

第一，选用适当的会计核算组织程序，有利于科学地组织本单位的会计核算工作，具有保证会计数据的整个处理过程有条不紊地进行，保证会计记录正确、及时、完整的重要作用。

第二，能减少不必要的核算环节和手续，迅速编制财务报表，提高会计核算工作的效率。

第三，可以保证迅速形成财务信息，提高会计核算资料的质量，为本单位的经营管理提供准确的财务资料。

（三）会计处理程序的基本模式

在实际工作中，虽然各单位的业务性质不一样，组织规模大小各异，经济业务有繁简之别，选用的会计处理程序不尽相同，但基本模式总是不变的，如图9-1所示。

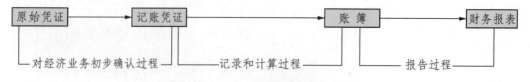

图9-1　会计处理程序示意图

首先，在审核分析原始凭证的合法性、合理性的基础上，编制记账凭证，此环节属于对经济业务初步确认的过程。

其次，将审核无误的记账凭证按照同一借贷方向及相等金额过入分类账中去，此环节属于记录与计算的过程。

最后，根据账簿中的总账和明细账编制财务报表，反映本单位财务状况、经营成果和现金流量的会计信息，此环节属于报告的过程。

二、会计处理程序的种类

会计凭证、会计账簿、财务会计报告是会计核算方法的三个基本环节，它们之间以一定的形式结合,构成一个完整的会计核算工作体系。合理的、适用的会计处理程序能及时、准确地反映本单位的经济活动情况,提高会计核算的效率。

目前,我国各单位采用的会计处理程序因其登记总账的依据和方法不同,主要有以下四种:①记账凭证会计处理程序;②科目汇总表会计处理程序;③汇总记账凭证会计处理程序;④多栏式日记账会计处理程序。

其中,记账凭证会计处理程序是一种最基本的会计处理程序,其他几种会计处理程序都是在此基础上逐步发展变化而成的。在实际工作中,各单位应视其本身的业务性质、规模大小及经济活动的繁简程度正确地选择、确定适应本单位的会计处理程序。

本书主要介绍记账凭证会计处理程序和科目汇总表会计处理程序。

第二节　记账凭证会计处理程序

一、记账凭证会计处理程序的特点及账簿组织

记账凭证会计处理程序的基本特点是直接根据记账凭证逐笔登记总分类账。

在记账凭证会计处理程序下,记账凭证一般采用收款凭证、付款凭证和转账凭证三种格式,也可采用通用记账凭证格式。账簿的设置一般包括库存现金日记账、银行存款日记账、总分类账和明细分类账。日记账、总分类账一般采用三栏式,明细分类账根据管理上的需要,可采用三栏式、多栏式或数量金额式等不同形式。

二、记账凭证会计处理的程序

(一)记账凭证账务处理程序的操作流程

记账凭证账务处理程序的操作流程,如图9-2所示。

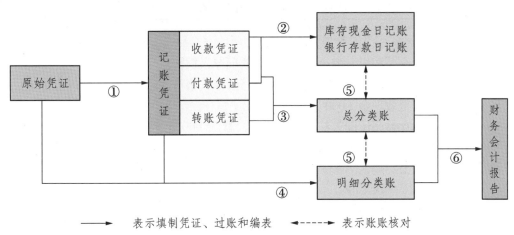

图 9-2　记账凭证账务处理流程示意图

其中：

① 根据原始凭证填制记账凭证。

② 根据收款凭证、付款凭证逐笔登记库存现金日记账、银行存款日记账。

③ 根据记账凭证直接逐笔登记总分类账。

④ 根据记账凭证及所附的原始凭证，登记有关明细分类账。

⑤ 定期将库存现金日记账、银行存款日记账余额和各种明细分类账余额的合计数分别与总分类账中有关账户的余额相核对。

⑥ 期末，根据总分类账与有关明细分类账的记录编制财务会计报告。

（二）记账凭证会计处理程序案例

中星公司 20××年 3 月 1 日总账与所属明细账余额如表 9-1 所示。

表 9-1

资　产	金额（元）	权　益	金额（元）
库存现金	1 000	短期借款	70 000
银行存款	87 200	应付账款 ——红星公司 ——吉安公司	50 000 35 000 15 000
应收账款 ——长城公司 ——光明公司	36 000 12 000 24 000	应交税费 ——应交所得税	33 000
原材料	28 000	实收资本	300 000
生产成本	42 800		
库存商品	58 000		
固定资产	200 000		
资产总额	453 000	权益总额	453 000

中星公司 20××年 3 月发生下列经济业务：

① 1 日，收到大众公司投入资金 50 000 元，款项存入银行。

② 1 日，向银行借入为期半年的借款 30 000 元，存入银行。

③ 1 日，从银行提取现金 1 000 元，以备零用。

④ 2 日，用银行存款归还前欠红星公司的材料款 35 000 元。

⑤ 3 日，收到长城公司前欠的货款 12 000 元，存入银行。

⑥ 3 日，向佳诚公司购入 A 材料 6 000 千克，单价 14 元，计 84 000 元，增值税进项税额 10 920 元，款项以银行存款支付。

⑦ 4 日，生产车间领用 A 材料 800 千克，计 11 200 元，用于甲产品生产。

⑧ 5 日，向佳诚公司购入的 A 材料已验收入库，按其实际采购成本转账。

⑨ 5 日，以银行存款偿还前欠吉安公司货款 5 000 元。

⑩ 6 日，购买一台不需安装的设备，价值 5 000 元，款项以银行存款支付。

⑪ 7 日，向长城公司销售甲产品 260 件，每件售价 150 元，计 39 000 元，增值税销项税额

5 070 元,款项尚未收取。

⑫ 8 日,向红星公司购入 A 材料 2 000 千克,单价 14 元,计 28 000 元,增值税进项税额 3 640 元,款项以银行存款支付。

⑬ 9 日,收到长城公司前欠的货款 39 000 元,已存入银行。

⑭ 10 日,甲产品 100 件完工入库,每件单位成本 120 元,计 12 000 元。

⑮ 10 日,以银行存款缴纳企业所得税 20 000 元。

(1)根据原始凭证填制记账凭证。

根据 3 月上旬发生的经济业务编制记账凭证。为简化工作,记账凭证的格式从略。本章以分录簿的形式代替并予以汇总,见表 9-2。

表 9-2

20××年		凭证号数	摘 要	借方		贷方	
月	日			账户名称	金额	账户名称	金额
3	1	银收 1	收到投入资本	银行存款	50 000	实收资本	50 000
3	1	银收 2	借入短期借款	银行存款	30 000	短期借款	30 000
3	1	银付 1	提现	库存现金	1 000	银行存款	1 000
3	2	银付 2	归还材料款	应付账款 ——红星公司	35 000	银行存款	35 000
3	3	银收 3	收回应收款	银行存款	12 000	应收账款 ——长城公司	12 000
3	3	银付 3	购入材料	在途物资——A 材料 应交税费——应交 增值税(进项)	84 000 10 920	银行存款	94 920
3	4	转账 1	生产领用材料	生产成本——甲产品	11 200	原材料——A 材料	11 200
3	5	转账 2	材料验收入库	原材料——A 材料	84 000	在途物资——A 材料	84 000
3	5	银付 4	偿还欠款	应付账款 ——吉安公司	5 000	银行存款	5 000
3	6	银付 5	购买设备	固定资产	5 000	银行存款	5 000
3	7	转账 3	销售产品,货款暂欠	应收账款 ——长城公司	44 070	主营业务收入 应交税费——应交 增值税(销项)	39 000 5 070
3	8	银付 6	购入材料	在途物资——A 材料 应交税费——应交 增值税(进项)	28 000 3 640	银行存款	31 640
3	9	银收 4	收回应收款	银行存款	39 000	应收账款 ——长城公司	39 000
3	10	转账 4	完工产品入库	库存商品——甲产品	12 000	生产成本——甲产品	12 000
3	10	银付 7	缴纳税金	应交税费 ——应交所得税	20 000	银行存款	20 000

（2）根据收款凭证、付款凭证逐笔登记库存现金日记账、银行存款日记账（如表9-3、表9-4所示）。

表9-3

库存现金日记账

20××年		凭证号数	摘要	对方账户	收入	支出	结余
月	日						
			期初余额				1 000
3	1	银付1	提现	银行存款	1 000		2 000

表9-4

银行存款日记账

20××年		凭证号数	摘要	对方账户	收入	支出	结余
月	日						
			期初余额				87 200
3	1	银收1	收到投入投资	实收资本	50 000		137 200
3	1	银收2	借入短期借款	短期借款	30 000		167 200
3	1	银付1	提现	库存现金		1 000	166 200
3	2	银付2	归还材料款	应付账款		35 000	131 200
3	3	银收3	收回应收款	应收账款	12 000		143 200
3	3	银付3	购入A材料	在途物资		84 000	59 200
				应交税费		10 920	48 280
3	5	银付4	偿还欠款	应付账款		5 000	43 280
3	6	银付5	购买设备	固定资产		5 000	38 280
3	8	银付6	购入A材料	在途物资		28 000	10 280
				应交税费		3 640	6 640
3	9	银收4	收回应收款	应收账款	39 000		45 640
3	10	银付7	缴纳税金	应交税费		20 000	25 640

（3）根据记账凭证直接逐笔登记总分类账（如表9-5至表9-17所示）。

表9-5

账户名称：库存现金

20××年		凭证号数	摘要	借方	贷方	借或贷	余额
月	日						
			期初余额			借	1 000
3	1	银付1	提现	1 000		借	2 000

表 9-6

账户名称:银行存款

20××年		凭证号数	摘要	借方	贷方	借或贷	余额
月	日						
			期初余额			借	87 200
3	1	银收 1	收到投入投资	50 000		借	137 200
3	1	银收 2	借入短期借款	30 000		借	167 200
3	1	银付 1	提现		1 000	借	166 200
3	2	银付 2	归还材料款		35 000	借	131 200
3	3	银收 3	收回应收款	12 000		借	143 200
3	3	银付 3	购入 A 材料		94 920	借	48 280
3	5	银付 4	偿还欠款		5 000	借	43 280
3	6	银付 5	购买设备		5 000	借	38 280
3	8	银付 6	购入 A 材料		31 640	借	6 640
3	9	银收 4	收回应收款	39 000		借	45 640
3	10	银付 7	缴纳税金		20 000	借	25 640

表 9-7

账户名称:应收账款

20××年		凭证号数	摘要	借方	贷方	借或贷	余额
月	日						
			期初余额			借	36 000
3	3	银收 3	收回应收款		12 000	借	24 000
3	7	转账 3	销售产品,货款暂欠	44 070		借	68 070
3	9	银收 4	收回应收款		39 000	借	29 070

表 9-8

账户名称:在途物资

20××年		凭证号数	摘要	借方	贷方	借或贷	余额
月	日						
3	3	银付 3	购入 A 材料	84 000		借	84 000
3	5	转账 2	A 材料验收入库		84 000	借	0
3	8	银付 6	购入 A 材料	28 000		借	28 000

表 9-9

账户名称:原材料

20××年		凭证号数	摘要	借方	贷方	借或贷	余额
月	日						
			期初余额			借	28 000
3	4	转账 1	生产领用 A 材料		11 200	借	16 800
3	5	转账 2	A 材料验收入库	84 000		借	100 800

表 9-10

账户名称:库存商品

20××年		凭证号数	摘要	借方	贷方	借或贷	余额
月	日						
3	10	转账 4	期初余额 完工产品入库	12 000		借 借	58 000 70 000

表 9-11

账户名称:固定资产

20××年		凭证号数	摘要	借方	贷方	借或贷	余额
月	日						
3	6	银付 5	期初余额 购买设备	5 000		借 借	200 000 205 000

表 9-12

账户名称:生产成本

20××年		凭证号数	摘要	借方	贷方	借或贷	余额
月	日						
			期初余额			借	42 800
3	4	转账 1	生产甲产品领用 A 材料	11 200		借	54 000
3	10	转账 4	完工产品入库		12 000	借	42 000

表 9-13

账户名称:短期借款

20××年		凭证号数	摘要	借方	贷方	借或贷	余额
月	日						
3	1	银收 2	期初余额 借入短期借款		30 000	贷 贷	70 000 100 000

表 9-14

账户名称:应付账款

20××年		凭证号数	摘要	借方	贷方	借或贷	余额
月	日						
			期初余额			贷	50 000
3	2	银付 2	归还材料款	35 000		贷	15 000
3	5	银付 4	偿还欠款	5 000		贷	10 000

表 9-15

账户名称:应交税费

20××年		凭证号数	摘要	借方	贷方	借或贷	余额
月	日						
			期初余额			贷	33 000
3	3	银付 3	购入 A 材料	10 920		贷	22 080
3	7	转账 3	销售产品,货款暂欠		5 070	贷	27 150
3	8	银付 6	购入 A 材料	3 640		贷	23 510
3	10	银付 7	缴纳税金	20 000		贷	3 510

表 9-16

账户名称:实收资本

20××年		凭证号数	摘要	借方	贷方	借或贷	余额
月	日						
			期初余额			贷	300 000
3	1	银收 1	收到投入投资		50 000	贷	350 000

表 9-17

账户名称:主营业务收入

20××年		凭证号数	摘要	借方	贷方	借或贷	余额
月	日						
3	7	转账 3	销售产品,货款暂欠		39 000	贷	39 000

(4) 根据记账凭证及所附的原始凭证,登记有关明细分类账。

说明:由于明细分类账的内容与总分类账基本相同,只是有的账页按品种及规格设立,同时登记数量和金额,账页比较多,内容也比较繁杂,本章不再重复列示(具体格式参见第六章)。

(5) 定期将库存现金日记账、银行存款日记账余额和各种明细分类账余额的合计数分别与总分类账中有关账户的余额相核对。

(6) 编制总分类账本期发生额及期末余额试算平衡表,核对账户的余额是否平衡(如表 9-18 所示)。

表 9-18

试算平衡表

单位:中星公司　　　　　　　　　　20××年 3 月 10 日　　　　　　　　　　金额:元

账户名称	期初余额		本期发生额		期末余额	
	借方	贷方	借方	贷方	借方	贷方
库存现金	1 000		1 000		2 000	
银行存款	87 200		131 000	192 560	25 640	
应收账款	36 000		44 070	51 000	29 070	
在途物资			112 000	84 000	28 000	

账户名称	期初余额		本期发生额		期末余额	
	借方	贷方	借方	贷方	借方	贷方
原材料	28 000		84 000	11 200	100 800	
库存商品	58 000		12 000		70 000	
固定资产	200 000		5 000		205 000	
生产成本	42 800		11 200	12 000	42 000	
短期借款		70 000		30 000		100 000
应付账款		50 000	40 000			10 000
应交税费		33 000	34 560	5 070		3 510
实收资本		300 000		50 000		350 000
主营业务收入				39 000		39 000
合计	453 000	453 000	474 830	474 830	502 510	502 510

（7）月末，根据总账与明细账的记录编制财务会计报告。（略）

三、记账凭证会计处理的优缺点和适用性

（一）记账凭证会计处理的优点

记账层次清楚，核算程序比较简单，易于理解和掌握，并且在账簿中能比较详细地反映经济业务的来龙去脉，直观地反映会计处理的全过程，便于查账。

（二）记账凭证会计处理的缺点

由于登记总账是根据记账凭证逐笔登记的，倘若单位规模大，经济业务量多，势必会造成登记总账的工作量大。

（三）记账凭证会计处理的适用范围

一般适用于规模较小、经济业务量较少的单位。

第三节　科目汇总表会计处理程序

一、科目汇总表会计处理程序的特点及账簿组织

科目汇总表是指不考虑账户的对应关系，定期将全部记账凭证涉及的每一账户的借方、贷方发生额予以分类汇总，据以登记总分类账的一览表。

科目汇总表会计处理程序的基本特点是定期根据记账凭证编制科目汇总表，然后根据科目汇总表登记总分类账。

二、科目汇总表的编制

在科目汇总表会计处理程序下，凭证和账簿的设置与记账凭证会计处理程序基本相同，

但还需设置"科目汇总表"。

（一）科目汇总表的编制方法

第一步,将汇总期内各项经济业务所涉及的会计科目按总分类账上会计科目的先后顺序,填列在"科目汇总表"的左方。

第二步,根据汇总期内所有记账凭证,采用"两次归类汇总法"进行编制。

① 第一次先将全部记账凭证按每一借方科目汇总,填入科目汇总表中各科目的借方发生额。

② 第二次再把全部记账凭证按每一贷方科目汇总,填入科目汇总表中各科目的贷方发生额。

对于库存现金和银行存款账户的借方和贷方发生额,也可以根据库存现金日记账和银行存款日记账的收支数填列。

第三步,进行发生额的试算平衡。

在分别汇总了全部科目的借贷方发生额后,加计本期发生额合计数。当全部科目的借方发生额合计等于贷方发生额合计时,表明科目汇总表编制无误且其所依据的记账凭证基本正确。

（二）科目汇总表的编制时间

科目汇总表的编制时间是根据单位经济业务量的多少来确定的,以 1 日、3 日、5 日或 1 旬汇总编制一次科目汇总表,并登记一次总账。

三、科目汇总表会计处理的程序

（一）科目汇总表会计处理程序的操作流程

科目汇总表会计处理程序的操作流程,如图 9-3 所示。

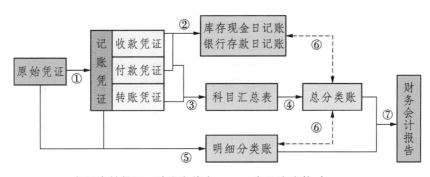

——→ 表示填制凭证、过账和编表　◀---- 表示账账核对

图 9-3　科目汇总表会计处理程序示意图

其中:

① 根据原始凭证填制记账凭证。

② 根据收款凭证、付款凭证逐笔登记库存现金日记账、银行存款日记账。

③ 根据记账凭证定期编制科目汇总表。

④ 根据科目汇总表汇总登记总分类账。

⑤ 根据记账凭证及所附原始凭证逐笔登记各种明细分类账。

⑥ 定期将库存现金日记账、银行存款日记账余额以及各种明细分类账余额合计数分别

与总分类账户余额核对。

⑦ 期末,根据总分类账和有关明细分类账的记录编制财务会计报告。

(二) 科目汇总表会计处理程序案例

现将科目汇总表的编制方法举例说明如下:

第一,所用资料同前述记账凭证会计处理程序案例,根据所编的记账凭证,按旬汇总编制科目汇总表,如表 9-19 所示。

表 9-19

科目汇总表

20××年 3 月 1 日至 10 日　　　　　　　　　　　　　科汇第 1 号

会计科目	总账页数	本期发生额		记账凭证起至号数
		借方	贷方	
库存现金		1 000		
银行存款		131 000	192 560	
应收账款		44 070	51 000	
在途物资		112 000	84 000	
原材料		84 000	11 200	
生产成本		11 200	12 000	
库存商品	(略)	12 000		(略)
固定资产		5 000		
短期借款			30 000	
应交税费		34 560	5 070	
应付账款		40 000		
实收资本			50 000	
主营业务收入			39 000	
合计		474 830	474 830	

第二,根据科目汇总表登记"银行存款"账户如表 9-20 所示。其他账户从略。

表 9-20

账户名称:银行存款

20××年		凭证号数	摘　要	借方	贷方	借或贷	余额
月	日						
3	1		期初余额			借	87 200
3	10	科汇 1 号		131 000	192 560	借	25 640
				·	·	·	·
				·	·	·	·
				·	·	·	·
	31 日		本期发生额及期末余额	×	×	借	×

根据科目汇总表练习登记"原材料"总分类账户(见表9-21)。

表 9-21

账户名称:原材料

| 20××年 | | 凭证号数 | 摘　要 | 借方 | 贷方 | 借或贷 | 余额 |
月	日						
3			期初余额				
		科汇　号					
			本期发生额及余额				

四、科目汇总表会计处理程序的优缺点和适用性

(一)科目汇总表会计处理程序的优点

第一,根据科目汇总表登记总账,大大减轻了登记总分类账的工作量。

第二,科目汇总表本身能对所编制的记账凭证起到试算平衡作用,及时发现记账过程中的差错,可以保证会计核算资料的质量。

(二)科目汇总表会计处理程序的缺点

由于科目汇总表本身只反映各科目的借、贷方发生额,无法表明账户之间的对应关系,因而不便于对单位的经济活动进行分析和检查。

(三)科目汇总表会计处理程序的适用范围

适用于规模较大、经济业务量较多的大中型单位。

记账凭证会计处理程序与科目汇总表会计处理程序有哪些异同?

第十章 会计假设和会计信息质量要求

【学习目标】

为了保证会计工作的正常进行和会计信息的质量,必须对会计核算做必要的假定与要求。通过本章的学习,理解和掌握会计核算的四大假设条件及会计核算必须遵循的八条基本质量要求。

第一节 会计假设

会计核算的目的是通过对经济活动的记录、计量来提供会计信息。但经济活动环境变化莫测，为了顺利开展会计工作，必须对其所处的时间、空间环境，计量手段等根据客观情况和发展趋势做出合乎情理的推断或假定。这种推断或假定就是会计假设，也称会计核算的基本前提。它是单位进行日常会计处理，提供会计信息的必要前提。

在我国《企业会计准则——基本准则》中，会计假设主要包括四个方面的内容：会计主体、持续经营、会计分期、货币计量，如图 10-1 所示。

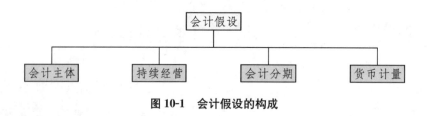

图 10-1 会计假设的构成

一、会计主体

（一）会计主体的概念

会计主体是指会计所要服务的、在经营上或经济上具有独立性或相对独立性的特定单位。作为会计主体，必须具备以下三个条件：

一是具有一定数量的经济资源；

二是进行独立的生产经营活动或其他活动；

三是实行独立核算，提供反映会计主体经济情况的财务报表。

（二）会计主体假设的作用

会计主体假设是首要的会计假设，它限定了会计工作的空间范围，明确了会计人员的立场、空间范围和核算对象。核算和监督时，既不能同其他会计主体相混淆，也必须与会计主体的所有者在经济上划清界限，从而正确反映特定单位的财务状况、经营成果及现金流量等情况。

（三）会计主体和法律主体的关系

会计主体与法律主体是两个不同的概念。法律主体即法人，是指在政府部门注册登记，有独立的财产，能够承担民事责任的法律实体。一般来说，法律主体必然是一个会计主体，而会计主体却不一定是一个法律主体。

譬如，公司企业既是会计主体又是法人主体。独资和合伙企业虽在法律上不是"法人"，没有独立的资格，但在会计核算中是一个独立的会计主体，因而应将企业的财产和债务与业主或合伙人个人的财务活动严格区分开来，业主虽然是本单位的主人，但其在其他单位的投资和其本人的收支活动都不能在本会计主体中反映。

小知识 10-1

　　合伙企业是指在中国境内设立的由各合伙人(至少 2 人以上)订立合伙协议,共同出资、合伙经营、共享收益、共担风险,并对合伙企业债务承担无限连带责任(各合伙人所有个人的财产,除去生活必需品和已用作抵押的财产,均可用于清偿)的营利性组织。

二、持续经营

(一) 持续经营的概念

　　持续经营是指会计主体的生产经营活动在可预见的未来将无限期地延续下去,即不考虑会计主体面临的破产清算或停业可能。

(二) 持续经营假设的作用

　　在商品经济条件下,相互之间的竞争必然会使会计主体出现优胜劣汰的局势,使其无法预测自身的经营活动到底能够持续多久,而会计核算应当以持续、正常的生产经营活动为前提。因此有必要规定会计工作的时间范围,这就是持续经营假设。会计核算方法和原则只有建立在持续经营的前提下,会计主体的资产才能够按历史成本计价和折旧,费用能够定期进行分配,所承担的债务责任能够如期履行,所有者权益和经营成果得以顺利确认等。因此,持续经营是会计核算保持相对稳定、会计主体的经济活动得以恰当地记载和呈报,以及确保会计信息相对准确的基本条件。

三、会计分期

(一) 会计分期的概念

　　会计分期又称会计期间,是指将一个会计主体持续不断的生产经营活动过程人为地划分成若干等间距的期间,即为核算生产经营活动所规定的起讫日期。

(二) 会计分期假设的作用

　　在持续经营的条件下,会计主体的生产经营活动是一个连续不断的循环和周转过程。为了及时分期结算账目和编制财务会计报告,定期反映会计主体的财务状况、经营成果和现金流量,有必要对持续不断的经营活动过程按会计计量、报告的要求划分会计期间。如不把经营活动过程划分为一个个会计期间,而是等到经营活动结束以后(按照持续经营假定是无从确定的)再进行会计反映和报告,就势必造成会计主体的管理者、投资者、债权人和有关部门得不到正常的、及时的会计信息,从而影响各种经济预测和决策。

　　会计分期假设就是对会计主体时间范围的具体划分的假定,是持续经营假设的补充。有了会计期间划分,才产生了本期与非本期的区别。如:同一会计期间内的各项收入和与其相关的成本、费用就应当相互配比,单位的会计核算应当以权责发生制为基础。

(三) 会计期间的划分

　　会计期间通常分为年度、半年度、季度和月度。年度、半年度、季度和月度的起讫日期均按公历制日期确定。

　　其中,年度为最主要的会计期间,自公历 1 月 1 日起至 12 月 31 日止为一个会计年度。为了能及时提供会计信息,满足使用者需要,在一个会计年度内,半年度、季度和月度也可作为一种会计期间,称之为会计中期。会计期间的划分如图 10-2 所示。

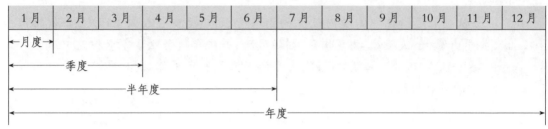

| 1月 | 2月 | 3月 | 4月 | 5月 | 6月 | 7月 | 8月 | 9月 | 10月 | 11月 | 12月 |

←月度→

季度

半年度

年度

图 10-2　会计期间的划分示意图

四、货币计量

(一)货币计量的概念

货币计量是指在会计核算过程中以货币作为统一计量单位来计量、记录和报告会计主体的生产经营活动。

(二)货币计量假设的作用

会计主体的经济活动内容十分复杂,各种劳动占用和劳动耗费性质、形态不同,实物衡量单位不同,无法统一计量和记录,必须借助于货币这一计量尺度。它可以使会计主体的生产经营活动统一地表现为货币运动,能全面地反映其财务状况、经营成果和现金流量。货币计量假设在以货币为计量单位的基础上,还必须假设币值不变或基本不变。因为在实际经济活动中,由于受物价变动等因素的影响,货币购买力会发生变化。在通货膨胀时,货币购买力相应下降;在通货紧缩时,货币购买力相应回升。而会计核算又很难根据货币自身的变化及时反应、调整账面金额。因而长期以来,一直把货币计量并假定币值相对稳定作为一个重要的会计假设加以确认。

(三)计量货币的确定

在我国,单位的会计核算以人民币为记账本位币。对于业务收支以外币为主的单位,可以选定某种外币作为记账本位币,但是编制的财务会计报告应当折算为人民币反映。在境外或在香港、澳门特别行政区投资设立的单位向国内有关部门报送的财务会计报告,也应当折算为人民币进行反映。

综上所述,会计核算的基本假设虽然是主观确定的,但完全是出于客观的需要。它们之间相互依存、相互补充。其中,会计主体明确了会计核算的空间范围,持续经营与会计分期确定了会计核算的时间长度,而货币计量为会计核算提供了必要手段。没有会计主体,就不会有持续经营;没有持续经营,就不会有会计分期;若没有货币计量,就不会有现代会计。

第二节　会计信息的质量要求

符合特定要求的会计信息才能满足使用者的要求。因此,会计信息的质量要求是会计核算必须遵循的基本规则,是进行会计核算的指导思想和衡量会计成败的标准。

根据国家财政部公布的《企业会计准则(2006)——基本准则》中对会计信息质量要求的

规定,主要包括可靠性、相关性、可理解性、可比性、实质重于形式、重要性、谨慎性和及时性等八个方面。

一、可靠性

(一) 可靠性的概念

可靠性原则是指会计核算应当以实际发生的交易或事项为依据,如实反映单位的财务状况、经营成果和现金流量。

(二) 可靠性的要求

会计是一项综合性的工作,任何以货币计量的经济活动都要反映到会计核算中来。因此,对会计信息最起码的要求是具有客观性,即要求做到内容真实、数字准确、资料可靠,不得有任何的虚假和歪曲。如果会计信息失真,就无法运用会计信息进行管理,也将导致决策错误。具体要求如下:

第一,确认的会计事项必须是客观存在的;

第二,对其发生的时间、数量以及文字说明等进行的记录必须有其客观依据,与经济活动的事实完全相符。

(三) 遵循可靠性质量要求的目的

为了满足会计信息使用者的决策需要,会计的计量、确认和报告都必须符合可靠性,真正体现市场经济对会计核算工作和会计信息的基本质量要求。

二、相关性

(一) 相关性的概念

相关性是指单位的会计核算所提供的会计信息应当符合国家宏观经济管理的要求,满足有关各方了解单位财务状况和经营成果的需要,满足单位加强内部经营管理的需要。

小思考 10-1

会计信息的使用者主要有哪些?

(二) 相关性的要求

相关性要求在收集、加工、整理和提供会计信息的过程中,充分考虑会计信息使用者的信息需求。

第一,提供的会计信息的范围和内容与管理所需要的范围和内容一致;

第二,各种会计信息之间相互联系,使所提供的会计信息具有决策价值。

(三) 遵循相关性质量要求的目的

相关性的目的在于提高使用者的经济决策能力和预测能力。

三、可理解性

(一) 可理解性的概念

可理解性是指单位的会计核算和编制的财务会计报告应当清晰明了,便于理解和应用。对于报表中难以用数字明确的问题,应当用文字加以说明。

（二）可理解性的要求

在会计核算工作中坚持可理解性是对会计记录这一技术工作所提出的质量要求。可理解性要求会计的数据记录和文字说明必须清晰、简明、易懂,对复杂的经济业务应该用规范文字加以表述,便于有关部门和人员理解与利用。

第一,会计记录和会计报告所用术语应便于理解,不能有任何可能影响报表使用者决策的会计事项的掩饰。

第二,会计记录应当准确清晰,填制会计凭证、登记会计账簿必须做到依据合法、账户对应关系一目了然、文字摘要完整。

第三,在编制财务报表时,项目勾稽关系清楚、项目完整、数字准确,财务会计报告表述简洁。

（三）遵循可理解性质量要求的目的

其目的是为了避免信息使用者因为模糊不清或产生误解而导致错误的决策。

四、可比性

（一）可比性的概念

可比性是指单位的会计核算应当按照规定的会计处理方法进行,前后各期保持一致,会计核算口径应当一致,相互可比。

（二）可比性的要求

单位除了在不同时期的会计信息纵向比较外,还有必要进行横向比较。可比性就是要求所有单位的会计核算都建立在相互可比的基础上,便于会计信息的相互比较和利用。要求:

第一,不同单位的同类交易或其他相同事项的确认、计量和记录的方法要基本一致;

第二,同一会计信息要有一致或基本一致的定义和特性;

第三,会计处理方法和程序要基本一致;

第四,财务报表中的同一项指标计算的口径、计算范围和方法要基本一致;

第五,如确有必要变更,应当将变更的内容和理由及其对单位财务状况和经营成果的影响额,在财务报表附注中予以说明;

第六,需要事前报批的变动项目,应事先办好报批手续,未经批准,不得随意更改。

（三）遵循可比性质量要求的目的

可比性的目的在于能使会计信息的使用者有可能对各单位、行业的经济活动进行考核和评价,同时也使不同单位或不同行业部门会计信息的对比成为可能,从而提高了会计信息的有用性和使用的社会化程度。

五、实质重于形式

（一）实质重于形式的概念

实质重于形式是指单位应当按照交易或事项的经济实质进行会计核算,而不应当仅仅按照它们的法律形式作为会计核算的依据。

（二）实质重于形式的要求

实质重于形式要求单位的会计核算必须根据交易或事项的实质和经济现实及其法律形式进行综合反映。

如以融资租赁方式租入的资产应视为企业的自有资产进行会计核算与管理。因为虽然企业对于这项资产在法律形式上并不拥有其所有权,但是由于租赁合同中规定的租赁期长、企业在租赁期内有权支配资产并从中受益,且在租赁期满,承租企业有优先购买该项资产的权利。从其经济实质来看,企业能够控制其创造的未来经济利益。因此,根据资产的定义及该事项的经济实质,应将其视同自有资产进行会计核算。

小知识 10-2

租赁有融资租赁与经营租赁两种形式。

经营租赁属于一般性租赁,其特点是承租单位以按时支付租金的方式对租入的资产拥有使用权,保证资产的完好无损,但不发生所有权的转移。

融资租赁资产类似于以分期付款方式购入资产。其特点是承租单位在承租期内以按时支付租金(包括买价的分期付款、未偿还部分的利息支出和出租方收取的手续费等)的方式拥有对租入资产的使用权,租赁期满,最后一笔租金款付清,资产所有权就转移给承租人。租赁期满,承租人也可以续租或将租赁资产返还给出租方。

(三) 遵循实质重于形式质量要求的目的

在实际工作中,交易或事项的外在形式和人为形式并不能完全反映其实质内容。所以,根据交易或事项的实质和经济现实及其法律形式进行核算和反映,会计信息才真实有效,否则,将会对会计信息使用者的决策产生误导。

六、重要性

(一) 重要性的概念

重要性是指单位在会计核算过程中对交易或事项应当区别其重要程度,采用不同的核算方式予以反映。

(二) 重要性的要求

重要性要求对于单位经济活动的过程结果要按照财务会计报告的类别、内容和指标项目予以全面、准确地反映,充分地揭示;同时,在反映和揭示时又要分清主次,突出重点。

首先,对影响会计信息使用者据以作出合理判断和决策的重要会计事项,必须按照规定的会计方法和程序进行处理,必须在财务会计报告中予以充分、准确地披露。

其次,对不影响会计信息使用者据以作出合理判断和决策的次要会计事项,在不影响会计信息真实性和不至于误导财务会计报告使用者作出正确判断的前提下,则可适当简化处理。

如单位发生的某些支出,金额较小的,从支出受益期来看,可能需要若干会计期间进行分摊,但根据重要性要求,可以一次计入当期损益。

(三) 遵循重要性质量要求的目的

确定重要的会计事项与会计信息成本效益直接有关。坚持重要性,就能够使提供的会计信息的收益大于成本,增强信息的可读性。

七、谨慎性

(一) 谨慎性的概念

谨慎性是指单位在进行会计核算时,不得多计资产或收益、少计负债或费用,不得计提秘密准备。

（二）谨慎性的要求

在市场经济条件下，单位的经营活动充满着风险和不确定性。为了提高应对风险的能力和保全资产的完整，在会计核算工作中要求单位必须对可能发生的损失和费用作出合理的预计。既不高估资产或收益，也不低估负债或费用，把会计核算尽可能建立在比较稳妥可靠的基础上。

首先，不可以任意设置各种秘密准备，否则，就属于滥用谨慎性原则。

其次，在某一会计事项有多种方法可供选择时选用不导致单位增加盈利的做法。

最后，在满足一定条件时合理核算可能发生的损失和费用，不预计收入。

（三）遵循谨慎性质量要求的目的

为了防范和化解经济生活中的风险，谨慎性要求对会计事务中存在的不确定因素作出合理的预计。如为防止坏账损失，建立坏账准备；为防止固定资产提前报废损失，采用加速折旧法等。

小知识 10-3

加速折旧法又称递减折旧费用法。固定资产每期计提的折旧费用，在使用的早期提得较多，以使资产的成本在耐用年限中加快得到补偿的一种计提折旧法，换言之，每期计提的折旧数额随使用时间的增加而逐渐减少，但总数额不变。

八、及时性

（一）及时性的概念

及时性是指单位的会计核算应当及时进行，不得提前或延后。

（二）及时性的要求

会计资料具有一定的时效性，其价值往往随着时间的流逝而降低，因而必须及时报送，不得拖延、积压。如果不能及时提供客观、可比、相关的会计信息，不仅对会计信息使用者毫无用途，甚至可能会误导会计信息使用者。因此，及时性要求在进行会计核算时：

① 及时收集会计信息，即及时取得和填制各种原始凭证。

② 及时对会计信息进行加工处理，即及时计算、整理、分类和汇总，编制记账凭证，并据以登记账簿。

③ 及时传递会计信息，即及时编制各种财务报表，并按规定的时间和程序报送有关部门。

（三）遵循及时性质量要求的目的

会计提供信息的使用价值是有时效性的。因此及时利用会计信息具有一定的意义。

第一，有助于国家宏观管理部门及时了解单位及整个国民经济的发展状况；

第二，有助于单位管理者及时掌握生产经营状况及其结果；

第三，有助于所有者或有关方面作出经济决策。

主要参考文献

① 朱小平,肖镜元,徐泓. 初级会计学[M]. 北京:中国人民大学出版社,2001.

② 李海波. 会计基础与记账技术[M]. 上海:立信会计出版社,2002.

③ 娄尔行. 基础会计[M]. 上海:上海财经大学出版社,2002.

④ 王允平,孙丽红. 会计学基础[M]. 北京:经济科学出版社,2004.

⑤ 丁豪樑. 会计学基础(第二版)[M]. 上海:上海财经大学出版社,2008.

⑥ 上海市会计从业资格统一考试辅导教材编写组. 会计基础知识[M]上海:上海科技教育出版社,2003.

⑦ 刘永立. 基础会计教程(第二版)[M]. 上海:立信会计出版社,2004.

⑧ 丁元霖. 会计学基础(第五版)[M]. 上海:立信会计出版社,2016.

⑨ 上海市会计人员继续教育培训教材编写组. 会计人员继续教育教程[M]. 上海:上海科技教育出版社,2012.

⑩ 贺志东. 企业会计准则操作实务[M]. 上海:立信会计出版社,2022.

⑪ 财政部会计资格评价中心. 初级会计实务[M]. 北京:经济科学出版社,2021.

⑫ 初级会计考试辅导研究组. 2022 年度全国会计专业技术资格考试辅导教材:初级会计实务[M]. 成都:电子科技大学出版社,2022.

附录一 中华人民共和国会计法(1999年修订)

第一章 总 则

第一条 为了规范会计行为,保证会计资料真实、完整,加强经济管理和财务管理,提高经济效益,维护社会主义市场经济秩序,制定本法。

第二条 国家机关、社会团体、公司、企业、事业单位和其他组织(以下统称单位)必须依照本法办理会计事务。

第三条 各单位必须依法设置会计账簿,并保证其真实、完整。

第四条 单位负责人对本单位的会计工作和会计资料的真实性、完整性负责。

第五条 会计机构、会计人员依照本法规定进行会计核算,实行会计监督。

任何单位或者个人不得以任何方式授意、指使、强令会计机构、会计人员伪造、变造会计凭证、会计账簿和其他会计资料,提供虚假财务会计报告。

任何单位或者个人不得对依法履行职责、抵制违反本法规定行为的会计人员实行打击报复。

第六条 对认真执行本法,忠于职守,坚持原则,做出显著成绩的会计人员,给予精神的或者物质的奖励。

第七条 国务院财政部门主管全国的会计工作。

县级以上地方各级人民政府财政部门管理本行政区域的会计工作。

第八条 国家实行统一的会计制度。国家统一的会计制度由国务院财政部门根据本法制定并公布。

国务院有关部门可以依照本法和国家统一的会计制度制定对会计核算和会计监督有特殊要求的行业实施国家统一的会计制度的具体办法或者补充规定,报国务院财政部门审核批准。

中国人民解放军总后勤部可以依照本法和国家统一的会计制度制定军队实施国家统一的会计制度的具体办法,报国务院财政部门备案。

第二章 会计核算

第九条 各单位必须根据实际发生的经济业务事项进行会计核算,填制会计凭证,登记会计账簿,编制财务会计报告。

任何单位不得以虚假的经济业务事项或者资料进行会计核算。

第十条 下列经济业务事项,应当办理会计手续,进行会计核算:

(一) 款项和有价证券的收付;

(二) 财物的收发、增减和使用;

(三) 债权债务的发生和结算;

(四) 资本、基金的增减;

(五) 收入、支出、费用、成本的计算;

(六) 财务成果的计算和处理;

(七) 需要办理会计手续、进行会计核算的其他事项。

第十一条 会计年度自公历1月1日起至12月31日止。

第十二条 会计核算以人民币为记账本位币。

业务收支以人民币以外的货币为主的单位,可以选定其中一种货币作为记账本位币,但是编报的财务会计报告应当折算为人民币。

第十三条 会计凭证、会计账簿、财务会计报告和其他会计资料,必须符合国家统一的会计制度的规定。

使用电子计算机进行会计核算的,其软件及其生成的会计凭证、会计账簿、财务会计报告和其他会计资料,也必须符合国家统一的会计制度的规定。

任何单位和个人不得伪造、变造会计凭证、会计账簿及其他会计资料,不得提供虚假的财务会计报告。

第十四条 会计凭证包括原始凭证和记账凭证。

办理本法第十条所列的经济业务事项,必须填制或者取得原始凭证并及时送交会计机构。

会计机构、会计人员必须按照国家统一的会计制度的规定对原始凭证进行审核,对不真实、不合法的原始凭证有权不予接受,并向单位负责人报告;对记载不准确、不完整的原始凭证予以退回,并要求按照国家统一的会计制度的规定更正、补充。

原始凭证记载的各项内容均不得涂改;原始凭证有错误的,应当由出具单位重开或者更正,更正处应当加盖出具单位印章。原始凭证金额有错误的,应当由出具单位重开,不得在原始凭证上更正。

记账凭证应当根据经过审核的原始凭证及有关资料编制。

第十五条 会计账簿登记,必须以经过审核的会计凭证为依据,并符合有关法律、行政法规和国家统一的会计制度的规定。会计账簿包括总账、明细账、日记账和其他辅助性账簿。

会计账簿应当按照连续编号的页码顺序登记。会计账簿记录发生错误或者隔页、缺号、跳行的,应当按照国家统一的会计制度规定的方法更正,并由会计人员和会计机构负责人(会计主管人员)在更正处盖章。

使用电子计算机进行会计核算的,其会计账簿的登记、更正,应当符合国家统一的会计制度的规定。

第十六条 各单位发生的各项经济业务事项应当在依法设置的会计账簿上统一登记、核算,不得违反本法和国家统一的会计制度的规定私设会计账簿登记、核算。

第十七条 各单位应当定期将会计账簿记录与实物、款项及有关资料相互核对,保证会计账簿记录与实物及款项的实有数额相符、会计账簿记录与会计凭证的有关内容相符、会计账簿之间相对应的记录相符、会计账簿记录与会计报表的有关内容相符。

第十八条 各单位采用的会计处理方法,前后各期应当一致,不得随意变更;确有必要变更的,应当按照国家统一的会计制度的规定变更,并将变更的原因、情况及影响在财务会计报告中说明。

第十九条 单位提供的担保、未决诉讼等或有事项,应当按照国家统一的会计制度的规定,在财务会计报告中予以说明。

第二十条 财务会计报告应当根据经过审核的会计账簿记录和有关资料编制,并符合本法和国家统一的会计制度关于财务会计报告的编制要求、提供对象和提供期限的规定;其他法律、行政法规另有规定的,从其规定。

财务会计报告由会计报表、会计报表附注和财务情况说明书组成。向不同的会计资料使用者提供的财务会计报告,其编制依据应当一致。有关法律、行政法规规定会计报表、会计报表附注和财务情况说明书须经注册会计师审计的,注册会计师及其所在的会计师事务所出具的审计报告应当随同财务会计报告一并提供。

第二十一条 财务会计报告应当由单位负责人和主管会计工作的负责人、会计机构负责人(会计主管人员)签名并盖章;设置总会计师的单位,还须由总会计师签名并盖章。

单位负责人应当保证财务会计报告真实、完整。

第二十二条 会计记录的文字应当使用中文。在民族自治地方,会计记录可以同时使用当地通用的一种民族文字。在中华人民共和国境内的外商投资企业、外国企业和其他外国组织的会计记录可以同时使用一种外国文字。

第二十三条 各单位对会计凭证、会计账簿、财务会计报告和其他会计资料应当建立档案,妥善保管。会计档案的保管期限和销毁办法,由国务院财政部门会同有关部门制定。

第三章 公司、企业会计核算的特别规定

第二十四条 公司、企业进行会计核算,除应当遵守本法第二章的规定外,还应当遵守本章规定。

第二十五条 公司、企业必须根据实际发生的经济业务事项,按照国家统一的会计制度的规定确认、计量和记录资产、负债、所有者权益、收入、费用、成本和利润。

第二十六条 公司、企业进行会计核算不得有下列行为:

(一) 随意改变资产、负债、所有者权益的确认标准或者计量方法,虚列、多列、不列或者少列资产、负债、所有者权益;

(二) 虚列或者隐瞒收入,推迟或者提前确认收入;

(三) 随意改变费用、成本的确认标准或者计量方法,虚列、多列、不列或者少列费用、成本;

(四) 随意调整利润的计算、分配方法,编造虚假利润或者隐瞒利润;

（五）违反国家统一的会计制度规定的其他行为。

第四章 会计监督

第二十七条 各单位应当建立、健全本单位内部会计监督制度。单位内部会计监督制度应当符合下列要求：

（一）记账人员与经济业务事项和会计事项的审批人员、经办人员、财物保管人员的职责权限应当明确，并相互分离、相互制约；

（二）重大对外投资、资产处置、资金调度和其他重要经济业务事项的决策和执行的相互监督、相互制约程序应当明确；

（三）财产清查的范围、期限和组织程序应当明确；

（四）对会计资料定期进行内部审计的办法和程序应当明确。

第二十八条 单位负责人应当保证会计机构、会计人员依法履行职责，不得授意、指使、强令会计机构、会计人员违法办理会计事项。

会计机构、会计人员对违反本法和国家统一的会计制度规定的会计事项，有权拒绝办理或者按照职权予以纠正。

第二十九条 会计机构、会计人员发现会计账簿记录与实物、款项及有关资料不相符的，按照国家统一的会计制度的规定有权自行处理的，应当及时处理；无权处理的，应当立即向单位负责人报告，请求查明原因，作出处理。

第三十条 任何单位和个人对违反本法和国家统一的会计制度规定的行为，有权检举。收到检举的部门有权处理的，应当依法按照职责分工及时处理；无权处理的，应当及时移送有权处理的部门处理。收到检举的部门、负责处理的部门应当为检举人保密，不得将检举人姓名和检举材料转给被检举单位和被检举人个人。

第三十一条 有关法律、行政法规规定，须经注册会计师进行审计的单位，应当向受委托的会计师事务所如实提供会计凭证、会计账簿、财务会计报告和其他会计资料以及有关情况。

任何单位或者个人不得以任何方式要求或者示意注册会计师及其所在的会计师事务所出具不实或者不当的审计报告。

财政部门有权对会计师事务所出具审计报告的程序和内容进行监督。

第三十二条 财政部门对各单位的下列情况实施监督：

（一）是否依法设置会计账簿；

（二）会计凭证、会计账簿、财务会计报告和其他会计资料是否真实、完整；

（三）会计核算是否符合本法和国家统一的会计制度的规定；

（四）从事会计工作的人员是否具备从业资格。

在对前款第（二）项所列事项实施监督，发现重大违法嫌疑时，国务院财政部门及其派出机构可以向与被监督单位有经济业务往来的单位和被监督单位开立账户的金融机构查询有关情况，有关单位和金融机构应当给予支持。

第三十三条 财政、审计、税务、人民银行、证券监管、保险监管等部门应当依照有关法律、行政法规规定的职责，对有关单位的会计资料实施监督检查。

前款所列监督检查部门对有关单位的会计资料依法实施监督检查后，应当出具检查结论。有关监督检查部门已经作出的检查结论能够满足其他监督检查部门履行本部门职责需要的，其他监督检查部门应当加以利用，避免重复查账。

第三十四条 依法对有关单位的会计资料实施监督检查的部门及其工作人员对在监督检查中知悉的国家秘密和商业秘密负有保密义务。

第三十五条 各单位必须依照有关法律、行政法规的规定，接受有关监督检查部门依法实施的监督检查，如实提供会计凭证、会计账簿、财务会计报告和其他会计资料以及有关情况，不得拒绝、隐匿、谎报。

第五章 会计机构和会计人员

第三十六条 各单位应当根据会计业务的需要，设置会计机构，或者在有关机构中设置会计人员并指定会计主管人员；不具备设置条件的，应当委托经批准设立从事会计代理记账业务的中介机构代理记账。

国有的和国有资产占控股地位或者主导地位的大、中型企业必须设置总会计师。总会计师的任职资格、任免程序、职责权限由国务院规定。

第三十七条 会计机构内部应当建立稽核制度。

出纳人员不得兼任稽核、会计档案保管和收入、支出、费用、债权债务账目的登记工作。

第三十八条 从事会计工作的人员，必须取得会计从业资格证书。

担任单位会计机构负责人（会计主管人员）的，除取得会计从业资格证书外，还应当具备会计师以上专业技术职务资格或者从事会计工作三年以上经历。

会计人员从业资格管理办法由国务院财政部门规定。

第三十九条 会计人员应当遵守职业道德，提高业务素质。对会计人员的教育和培训工作应当加强。

第四十条 因有提供虚假财务会计报告，做假账，隐匿或者故意销毁会计凭证、会计账簿、财务会计报告，贪污，挪用公款，职务侵占等与会计职务有关的违法行为被依法追究刑事责任的人员，不得取得或者重新取得会计从业资格证书。

除前款规定的人员外，因违法违纪行为被吊销会计从业资格证书的人员，自被吊销会计从业资格证书之日起五年内，不得重新取得会计从业资格证书。

第四十一条 会计人员调动工作或者离职，必须与接管人员办清交接手续。

一般会计人员办理交接手续，由会计机构负责人（会计主管人员）监交；会计机构负责人（会计主管人员）办理交接手续，由单位负责人监交，必要时主管单位可以派人会同监交。

第六章 法律责任

第四十二条 违反本法规定，有下列行为之一的，由县级以上人民政府财政部门责令限期改正，可以对单位并处三千元以上五万元以下的罚款；对其直接负责的主管人员和其他直接责任人员，可以处二千元以上二万元以下的罚款；属于国家工作人员的，还应当由其所在单位或者有关单位依法给予行政处分：

（一）不依法设置会计账簿的；

（二）私设会计账簿的；

（三）未按照规定填制、取得原始凭证或者填制、取得的原始凭证不符合规定的；

（四）以未经审核的会计凭证为依据登记会计账簿或者登记会计账簿不符合规定的；

（五）随意变更会计处理方法的；

（六）向不同的会计资料使用者提供的财务会计报告编制依据不一致的；

（七）未按照规定使用会计记录文字或者记账本位币的；

（八）未按照规定保管会计资料，致使会计资料毁损、灭失的；

（九）未按照规定建立并实施单位内部会计监督制度或者拒绝依法实施的监督或者不如实提供有关会计资料及有关情况的；

（十）任用会计人员不符合本法规定的。

有前款所列行为之一，构成犯罪的，依法追究刑事责任。

会计人员有第一款所列行为之一，情节严重的，由县级以上人民政府财政部门吊销会计从业资格证书。

有关法律对第一款所列行为的处罚另有规定的，依照有关法律的规定办理。

第四十三条 伪造、变造会计凭证、会计账簿，编制虚假财务会计报告，构成犯罪的，依法追究刑事责任。

有前款行为，尚不构成犯罪的，由县级以上人民政府财政部门予以通报，可以对单位并处五千元以上十万元以下的罚款；对其直接负责的主管人员和其他直接责任人员，可以处三千元以上五万元以下的罚款；属于国家工作人员的，还应当由其所在单位或者有关单位依法给予撤职直至开除的行政处分；对其中的会计人员，并由县级以上人民政府财政部门吊销会计从业资格证书。

第四十四条 隐匿或者故意销毁依法应当保存的会计凭证、会计账簿、财务会计报告，构成犯罪的，依法追究刑事责任。

有前款行为，尚不构成犯罪的，由县级以上人民政府财政部门予以通报，可以对单位并处五千元以上十万元以下的罚款；对其直接负责的主管人员和其他直接责任人员，可以处三千元以上五万元以下的罚款；属于国家工作人员的，还应当由其所在单位或者有关单位依法给予撤职直至开除的行政处分；对其中的会计人员，并由县级以上人民政府财政部门吊销会计从业资格证书。

第四十五条 授意、指使、强令会计机构、会计人员及其他人员伪造、变造会计凭证、会计账簿，编制虚假财务会计报告或者隐匿、故意销毁依法应当保存的会计凭证、会计账簿、财务会计报告,构成犯罪的,依法追究刑事责任;尚不构成犯罪的,可以处五千元以上五万元以下的罚款;属于国家工作人员的,还应当由其所在单位或者有关单位依法给予降级、撤职、开除的行政处分。

第四十六条 单位负责人对依法履行职责、抵制违反本法规定行为的会计人员以降级、撤职、调离工作岗位、解聘或者开除等方式实行打击报复,构成犯罪的,依法追究刑事责任;尚不构成犯罪的,由其所在单位或者有关单位依法给予行政处分。对受打击报复的会计人员,应当恢复其名誉和原有职务、级别。

第四十七条 财政部门及有关行政部门的工作人员在实施监督管理中滥用职权、玩忽职守、徇私舞弊或者泄露国家秘密、商业秘密,构成犯罪的,依法追究刑事责任;尚不构成犯罪的,依法给予行政处分。

第四十八条 违反本法第三十条规定,将检举人姓名和检举材料转给被检举单位和被检举人个人的,由所在单位或者有关单位依法给予行政处分。

第四十九条 违反本法规定,同时违反其他法律规定的,由有关部门在各自职权范围内依法进行处罚。

第七章 附 则

第五十条 本法下列用语的含义:

单位负责人,是指单位法定代表人或者法律、行政法规规定代表单位行使职权的主要负责人。

国家统一的会计制度,是指国务院财政部门根据本法制定的关于会计核算、会计监督、会计机构和会计人员以及会计工作管理的制度。

第五十一条 个体工商户会计管理的具体办法,由国务院财政部门根据本法的原则另行规定。

第五十二条 本法自 2000 年 7 月 1 起施行。

附录二 会计基础工作规范
(1996 年 6 月 17 日财会字〔1996〕19 号公布,根据 2019 年 3 月 14 日《财政部关于修改〈代理记账管理办法〉等 2 部部门规章的决定》修改)

第一章 总 则

第一条 为了加强会计基础工作,建立规范的会计工作秩序,提高会计工作水平,根据《中华人民共和国会计法》的有关规定,制定本规范。

第二条 国家机关、社会团体、企业、事业单位、个体工商户和其他组织的会计基础工作,应当符合本规范的规定。

第三条 各单位应当依据有关法规、法规和本规范的规定,加强会计基础工作,严格执行会计法规制度,保证会计工作依法有序地进行。

第四条 单位领导人对本单位的会计基础工作负有领导责任。

第五条 各省、自治区、直辖市财政厅(局)要加强对会计基础工作的管理和指导,通过政策引导、经验交流、监督检查等措施,促进基层单位加强会计基础工作,不断提高会计工作水平。

国务院各业务主管部门根据职责权限管理本部门的会计基础工作。

第二章 会计机构和会计人员

第一节 会计机构设置和会计人员配备

第六条 各单位应当根据会计业务的需要设置会计机构;不具备单独设置会计机构条件的,应当在有关机构中配备专职会计人员。

事业行政单位会计机构的设置和会计人员的配备,应当符合国家统一事业行政单位会计制度的规定。

设置会计机构,应当配备会计机构负责人;在有关机构中配备专职会计人员,应当在专职会计人员中指定会计主管人员。

会计机构负责人、会计主管人员的任免，应当符合《中华人民共和国会计法》和有关法律的规定。

第七条　会计机构负责人、会计主管人员应当具备下列基本条件：

（一）坚持原则，廉洁奉公。

（二）具备会计师以上专业技术职务资格或者从事会计工作不少于三年。

（三）熟悉国家财经法律、法规、规章和方针、政策，掌握本行业业务管理的有关知识。

（四）有较强的组织能力。

（五）身体状况能够适应本职工作的要求。

第八条　没有设置会计机构或者配备会计人员的单位，应当根据《代理记账管理办法》的规定，委托会计师事务所或者持有代理记账许可证书的代理记账机构进行代理记账。

第九条　大、中型企业、事业单位、业务主管部门应当根据法律和国家有关规定设置总会计师。总会计师由具有会计师以上专业技术资格的人员担任。

总会计师行使《总会计师条例》规定的职责、权限。

总会计师的任命（聘任）、免职（解聘）依照《总会计师条例》和有关法律的规定办理。

第十条　各单位应当根据会计业务需要配备会计人员，督促其遵守职业道德和国家统一的会计制度。

第十一条　各单位应当根据会计业务需要设置会计工作岗位。

会计工作岗位一般可分为：会计机构负责人或者会计主管人员、出纳、财产物资核算、工资核算、成本费用核算、财务成果核算、资金核算、往来结算、总账报表、稽核、档案管理等。开展会计电算化和管理会计的单位，可以根据需要设置相应工作岗位，也可以与其他工作岗位相结合。

第十二条　会计工作岗位，可以一人一岗、一人多岗或者一岗多人。但出纳人员不得兼管稽核、会计档案保管和收入、费用、债权债务账目的登记工作。

第十三条　会计人员的工作岗位应当有计划地进行轮换。

第十四条　会计人员应当具备必要的专业知识和专业技能，熟悉国家有关法律、法规、规章和国家统一会计制度，遵守职业道德。

会计人员应当按照国家有关规定参加会计业务的培训。各单位应当合理安排会计人员的培训，保证会计人员每年有一定时间用于学习和参加培训。

第十五条　各单位领导人应当支持会计机构、会计人员依法行使职权；对忠于职守、坚持原则、做出显著成绩的会计机构、会计人员，应当给予精神的和物质的奖励。

第十六条　国家机关、国有企业、事业单位任用会计人员应当实行回避制度。

单位领导人的直系亲属不得担任本单位的会计机构负责人、会计主管人员。会计机构负责人、会计主管人员的直系亲属不得在本单位会计机构中担任出纳工作。

需要回避的直系亲属为：夫妻关系、直系血亲关系、三代以内旁系血亲以及配偶亲关系。

第二节　会计人员职业道德

第十七条　会计人员在会计工作中应当遵守职业道德，树立良好的职业品质、严谨的工作作风，严守工作纪律，努力提高工作效率和工作质量。

第十八条　会计人员应当热爱本职工作，努力钻研业务，使自己的知识和技能适应所从事工作的要求。

第十九条　会计人员应当熟悉财经法律、法规、规章和国家统一会计制度，并结合会计工作进行广泛宣传。

第二十条　会计人员应当按照会计法规、法规和国家统一会计制度规定的程序和要求进行会计工作，保证所提供的会计信息合法、真实、准确、及时、完整。

第二十一条　会计人员办理会计事务应当实事求是、客观公正。

第二十二条　会计人员应当熟悉本单位的生产经营和业务管理情况，运用掌握的会计信息和会计方法，为改善单位内部管理、提高经济效益服务。

第二十三条　会计人员应当保守本单位的商业秘密。除法律规定和单位领导人同意外，不能私自向外界提供或者泄露单位的会计信息。

第二十四条　财政部门、业务主管部门和各单位应当定期检查会计人员遵守职业道德的情况，并作为会计人员晋升、晋级、聘任专业职务、表彰奖励的重要考核依据。

会计人员违反职业道德的,由所在单位进行处理。

第二十五条　会计人员工作调动或者因故离职,必须将本人所经管的会计工作全部移交给接替人员。没有办清交接手续的,不得调动或者离职。

第二十六条　接替人员应当认真接管移交工作,并继续办理移交的未了事项。

第二十七条　会计人员办理移交手续前,必须及时做好以下工作:

(一)已经受理的经济业务尚未填制会计凭证的,应当填制完毕。

(二)尚未登记的账目,应当登记完毕,并在最后一笔余额后加盖经办人员印章。

(三)整理应该移交的各项资料,对未了事项写出书面材料。

(四)编制移交清册,列明应当移交的会计凭证、会计账簿、会计报表、印章、现金、有价证券、支票簿、发票、文件、其他会计资料和物品等内容;实行会计电算化的单位,从事该项工作的移交人员还应当在移交清册中列明会计软件及密码、会计软件数据磁盘(磁带等)及有关资料、实物等内容。

第二十八条　会计人员办理交接手续,必须有监交人负责监交。一般会计人员交接,由单位会计机构负责人、会计主管人员负责监交;会计机构负责人、会计主管人员交接,由单位领导人负责监交,必要时可由上级主管部门派人会同监交。

第二十九条　移交人员在办理移交时,要按移交清册逐项移交;接替人员要逐项核对点收。

(一)现金、有价证券要根据会计账簿有关记录进行点交。库存现金、有价证券必须与会计账簿记录保持一致。不一致时,移交人员必须限期查清。

(二)会计凭证、会计账簿、会计报表和其他会计资料必须完整无缺。如有短缺,必须查清原因,并在移交清册中注明,由移交人员负责。

(三)银行存款账户余额要与银行对账单核对,如不一致,应当编制银行存款余额调节表调节相符,各种财产物资和债权债务的明细账户余额要与总账有关账户余额核对相符;必要时,要抽查个别账户的余额,与实物核对相符,或者与往来单位、个人核对清楚。

(四)移交人员经管的票据、印章和其他实物等,必须交接清楚;移交人员从事会计电算化工作的,要对有关电子数据在实际操作状态下进行交接。

第三十条　会计机构负责人、会计主管人员移交时,还必须将全部财务会计工作、重大财务收支和会计人员的情况等,向接替人员详细介绍。对需要移交的遗留问题,应当写出书面材料。

第三十一条　交接完毕后,交接双方和监交人员要在移交注册上签名或者盖章。并应在移交注册上注明:单位名称,交接日期,交接双方和监交人员的职务、姓名,移交清册页数以及需要说明的问题和意见等。

移交清册一般应当填制一式三份,交接双方各执一份,存档一份。

第三十二条　接替人员应当继续使用移交的会计账簿,不得自行另立新账,以保持会计记录的连续性。

第三十三条　会计人员临时离职或者因病不能工作且需要接替或者代理的,会计机构负责人、会计主管人员或者单位领导人必须指定有关人员接替或者代理,并办理交接手续。

临时离职或者因病不能工作的会计人员恢复工作的,应当与接替或者代理人员办理交接手续。

移交人员因病或其他特殊原因不能亲自办理移交的,经单位领导人批准,可由移交人员委托他人代办移交,但委托人应当承担本规范第三十五条规定的责任。

第三十四条　单位撤销时,必须留有必要的会计人员,会同有关人员办理清理工作,编制决算。未移交前,不得离职。接收单位和移交日期由主管部门确定。

单位合并、分立的,其会计工作交接手续比照上述有关规定办理。

第三十五条　移交人员对所移交的会计凭证、会计账簿、会计报表和其他有关资料的合法性、真实性承担法律责任。

第三章　会计核算

第三十六条　各单位应当按照《中华人民共和国会计法》和国家统一会计制度的规定建立会计账册,进行会计核算,及时提供合法、真实、准确、完整的会计信息。

第三十七条　各单位发生的下列事项,应当及时办理会计手续、进行会计核算:

（一）款项和有价证券的收付。

（二）财物的收发、增减和使用。

（三）债权债务的发生和结算。

（四）资本、基金的增减。

（五）收入、支出、费用、成本的计算。

（六）财务成果的计算和处理。

（七）其他需要办理会计手续、进行会计核算的事项。

第三十八条　各单位的会计核算应当以实际发生的经济业务为依据，按照规定的会计处理方法进行，保证会计指标的口径一致、相互可比和会计处理方法的前后各期相一致。

第三十九条　会计年度自公历 1 月 1 日起至 12 月 31 日止。

第四十条　会计核算以人民币为记账本位币。

收支业务以外国货币为主的单位，也可以选定某种外国货币作为记账本位币，但是编制的会计报表应当折算为人民币反映。

境外单位向国内有关部门编报的会计报表，应当折算为人民币反映。

第四十一条　各单位根据国家统一会计制度的要求，在不影响会计核算要求、会计报表指标汇总和对外统一会计报表的前提下，可以根据实际情况自行设置和使用会计科目。

事业行政单位会计科目的设置和使用，应当符合国家统一事业行政单位会计制度的规定。

第四十二条　会计凭证、会计账簿、会计报表和其他会计资料的内容和要求必须符合国家统一会计制度的规定，不得伪造、变造会计凭证和会计账簿，不得设置账外账，不得报送虚假会计报表。

第四十三条　各单位对外报送的会计报表格式由财政部统一规定。

第四十四条　实行会计电算化的单位，对使用的会计软件及其生成的会计凭证、会计账簿、会计报表和其他会计资料的要求，应当符合财政部关于会计电算化的有关规定。

第四十五条　各单位的会计凭证、会计账簿、会计报表和其他会计资料，应当建立档案，妥善保管。会计档案建档要求、保管期限、销毁办法等依据《会计档案管理办法》的规定进行。

实行会计电算化的单位，有关电子数据、会计软件资料等应当作为会计档案进行管理。

第四十六条　会计记录的文字应当使用中文，少数民族自治地区可以同时使用少数民族文字。中国境内的外商投资企业、外国企业和其他外国经济组织也可以同时使用某种外国文字。

第二节　填制会计凭证

第四十七条　各单位办理本规范第三十七条规定的事项，必须取得或者填制原始凭证，并及时送交会计机构。

第四十八条　原始凭证的基本要求是：

（一）原始凭证的内容必须具备：凭证的名称；填制凭证的日期；填制凭证单位名称或者填制人姓名；经办人员的签名或者盖章；接受凭证单位名称；经济业务内容；数量、单价和金额。

（二）从外单位取得的原始凭证，必须盖有填制单位的公章；从个人取得的原始凭证，必须有填制人员的签名或者盖章。自制原始凭证必须有经办单位领导人或者其指定的人员签名或者盖章。对外开出的原始凭证，必须加盖本单位公章。

（三）凡填有大写和小写金额的原始凭证，大写与小写金额必须相符。购买实物的原始凭证，必须有验收证明。支付款项的原始凭证，必须有收款单位和收款人的收款证明。

（四）一式几联的原始凭证，应当注明各联的用途，只能以一联作为报销凭证。

一式几联的发票和收据，必须用双面复写纸（发票和收据本身具备复写纸功能的除外）套写，并连续编号。作废时应当加盖"作废"戳记，连同存根一起保存，不得撕毁。

（五）发生销货退回的，除填制退货发票外，还必须有退货验收证明；退款时，必须取得对方的收款收据或者汇款银行的凭证，不得以退货发票代替收据。

（六）职工公出借款凭据，必须附在记账凭证之后。收回借款时，应当另开收据或者退还借据副本，不得退还原借款收据。

（七）经上级有关部门批准的经济业务，应当将批准文件作为原始凭证附件。如果批准文件需要单独归档的，应当在凭证上注明批准机关名称、日期和文件字号。

第四十九条　原始凭证不得涂改、挖补。发现原始凭证有错误的,应当由开出单位重开或者更正,更正处应当加盖开出单位的公章。

第五十条　会计机构、会计人员要根据审核无误的原始凭证填制记账凭证。

记账凭证可以分为收款凭证、付款凭证和转账凭证,也可以使用通用记账凭证。

第五十一条　记账凭证的基本要求是:

(一)记账凭证的内容必须具备:填制凭证的日期;凭证编号;经济业务摘要;会计科目;金额;所附原始凭证张数;填制凭证人员、稽核人员、记账人员、会计机构负责人、会计主管人员签名或者盖章。收款和付款记账凭证还应当由出纳人员签名或者盖章。

以自制的原始凭证或者原始凭证汇总表代替记账凭证的,也必须具备记账凭证应有的项目。

(二)填制记账凭证时,应当对记账凭证进行连续编号。一笔经济业务需要填制两张以上记账凭证的,可以采用分数编号法编号。

(三)记账凭证可以根据每一张原始凭证填制,或者根据若干张同类原始凭证汇总填制,也可以根据原始凭证汇总表填制。但不得将不同内容和类别的原始凭证汇总填制在一张记账凭证上。

(四)除结账和更正错误的记账凭证可以不附原始凭证外,其他记账凭证必须附有原始凭证。如果一张原始凭证涉及几张记账凭证,可以把原始凭证附在一张主要的记账凭证后面,并在其他记账凭证上注明附有该原始凭证的记账凭证的编号或者附原始凭证复印件。

一张复始凭证所列支出需要几个单位共同负担的,应当将其他单位负担的部分,开给对方原始凭证分割单,进行结算。原始凭证分割单必须具备原始凭证的基本内容:凭证名称、填制凭证日期、填制凭证单位名称或者填制人姓名、经办人的签名或者盖章、接受凭证单位名称、经济业务内容、数量、单价、金额和费用分摊情况等。

(五)如果在填制记账凭证时发生错误,应当重新填制。

已经登记入账的记账凭证,在当年内发现填写错误时,可以用红字填写一张与原内容相同的记账凭证,在摘要栏注明"注销某月某日某号凭证"字样,同时再用蓝字重新填制一张正确的记账凭证,注明"订正某月某日某号凭证"字样。如果会计科目没有错误,只是金额错误,也可以将正确数字与错误数字之间的差额,另编一张调整的记账凭证,调增金额用蓝字,调减金额用红字。发现以前年度记账凭证有错误的,应当用蓝字填制一张更正的记账凭证。

(六)记账凭证填制完经济业务事项后,如有空行,应当自金额栏最后一笔金额数字下的空行处至合计数上的空行处划线注销。

第五十二条　填制会计凭证,字迹必须清晰、工整,并符合下列要求:

(一)阿拉伯数字应当一个一个地写,不得连笔写。阿拉伯金额数字前面应当书写货币币种符号或者货币名称简写和币种符号。币种符号与阿拉伯金额数字之间不得留有空白。凡阿拉伯数字前写有币种符号的,数字后面不再写货币单位。

(二)所有以元为单位(其他货币种类为货币基本单位,下同)的阿拉伯数字,除表示单价等情况外,一律填写到角分;无角分的,角位和分位可写"0 0",或者符号"——";有角无分的,分位应当写"0",不得用符号"——"代替。

(三)汉字大写数字金额如零、壹、贰、叁、肆、伍、陆、柒、捌、玖、拾、佰、仟、万、亿等,一律用正楷或者行书体书写,不得用0、一、二、三、四、五、六、七、八、九、十等简化字代替,不得任意自造简化字。大写金额数字到元或者角为止的,在"元"或者"角"之后应当写"整"或者"正";大写金额数字有分的,分字后面不写"整"或者"正"。

(四)大写金额数字前未印有货币名称的,应当加填货币名称,货币名称与金额数字之间不得留有空白。

(五)阿拉伯金额数字中间有"0"时,汉字大写金额要写"零";阿拉伯数字金额中间连续有几个"0"时,汉字大写金额中可以只写一个"零";阿拉伯金额数字元位是"0",或者数字中间连续有几个"0"、元位也是"0"但角位不是"0"时,汉字大写金额可以只写一个"零",也可以不写"零"。

第五十三条　实行会计电算化的单位,对于机制记账凭证,要认真审核,做到会计科目使用正确,数字准确无误。打印出的机制记账凭证要加盖制单人员、审核人员、记账人员及会计机构负责人、会计主管人员印章或者签字。

第五十四条　各单位会计凭证的传递程序应当科学、合理,具体办法由各单位根据会计业务需要自行规定。

第五十五条　会计机构、会计人员要妥善保管会计凭证。

（一）会计凭证应当及时传递，不得积压。

（二）会计凭证登记完毕后，应当按照分类和编号顺序保管，不得散乱丢失。

（三）记账凭证应当连同所附的原始凭证或者原始凭证汇总表，按照编号顺序，折叠整齐，按期装订成册，并加具封面，注明单位名称、年度、月份和起讫日期、凭证种类、起讫号码，由装订人在装订线封签处签名或者盖章。

对于数量过多的原始凭证，可以单独装订保管，在封面上注明记账凭证日期、编号、种类，同时在记账凭证上注明"附件另订"和原始凭证名称及编号。

各种经济合同、存出保证金收据以及涉外文件等重要原始凭证，应当另编目录，单独登记保管，并在有关的记账凭证和原始凭证上相互注明日期和编号。

（四）原始凭证不得外借，其他单位如因特殊原因需要使用原始凭证时，经本单位会计机构负责人、会计主管人员批准，可以复制。向外单位提供的原始凭证复制件，应当在专设的登记簿上登记，并由提供人员和收取人员共同签名或者盖章。

（五）从外单位取得的原始凭证如有遗失，应当取得原开出单位盖有公章的证明，并注明原来凭证的号码、金额和内容等，由经办单位会计机构负责人、会计主管人员和单位领导人批准后，才能代作原始凭证。如果确实无法取得证明的，如火车、轮船、飞机票等凭证，由当事人写出详细情况，由经办单位会计机构负责人、会计主管人员和单位领导人批准后，代作原始凭证。

第三节　登记会计账簿

第五十六条　各单位应当按照国家统一会计制度的规定和会计业务的需要设置会计账簿。会计账簿包括总账、明细账、日记账和其他辅助性账簿。

第五十七条　现金日记账和银行存款日记账必须采用订本式账簿。不得用银行对账单或者其他方法代替日记账。

第五十八条　实行会计电算化的单位，用计算机打印的会计账簿必须连续编号，经审核无误后装订成册，并由记账人员和会计机构负责人、会计主管人员签字或者盖章。

第五十九条　启用会计账簿时，应当在账簿封面上写明单位名称和账簿名称。在账簿扉页上应当附启用表，内容包括：启用日期、账簿页数、记账人员和会计机构负责人、会计主管人员姓名，并加盖名章和单位公章。记账人员或者会计机构负责人、会计主管人员调动工作时，应当注明交接日期、接办人员或者监交人员姓名，并由交接双方人员签名或者盖章。

启用订本式账簿，应当从第一页到最后一页顺序编定页数，不得跳页、缺号。使用活页式账页，应当按账户顺序编号，并须定期装订成册。装订后再按实际使用的账页顺序编定页码。另加目录，记明每个账户的名称和页次。

第六十条　会计人员应当根据审核无误的会计凭证登记会计账簿。登记账簿的基本要求是：

（一）登记会计账簿时，应当将会计凭证日期、编号、业务内容摘要、金额和其他有关资料逐项记入账内，做到数字准确、摘要清楚、登记及时、字迹工整。

（二）登记完毕后，要在记账凭证上签名或者盖章，并注明已经登账的符号，表示已经记账。

（三）账簿中书写的文字和数字上面要留有适当空格，不要写满格；一般应占格距的二分之一。

（四）登记账簿要用蓝黑墨水或者碳素墨水书写，不得使用圆珠笔（银行的复写账簿除外）或者铅笔书写。

（五）下列情况，可以用红色墨水记账：

1. 按照红字冲账的记账凭证，冲销错误记录；

2. 在不设借贷等栏的多栏式账页中，登记减少数；

3. 在三栏式账户的余额栏前，如未印明余额方向的，在余额栏内登记负数余额；

4. 根据国家统一会计制度的规定可以用红字登记的其他会计记录。

（六）各种账簿按页次顺序连续登记，不得跳行、隔页。如果发生跳行、隔页，应当将空行、空页划线注销，或者注明"此行空白""此页空白"字样，并由记账人员签名或者盖章。

（七）凡需要结出余额的账户，结出余额后，应当在"借或贷"等栏内写明"借"或者"贷"等字样。没有余额的账户，应当在"借或贷"等栏内写"平"字，并在余额栏内用"Ｑ"表示。

现金日记账和银行存款日记账必须逐日结出余额。

（八）每一账页登记完毕结转下页时，应当结出本页合计数及余额，写在本页最后一行和下页第一行有关栏内,并在摘要栏内注明"过次页"和"承前页"字样;也可以将本页合计数及金额只写在下页第一行有关栏内,并在摘要栏内注明"承前页"字样。

对需要结计本月发生额的账户,结计"过次页"的本页合计数应当为自本月初起至本页末止的发生额合计数;对需要结计本年累计发生额的账户,结计"过次页"的本页合计数应当为自年初起至本页末止的累计数;对既不需要结计本月发生额也不需要结计本年累计发生额的账户,可以只将每页末的余额结转次页。

第六十一条　账簿记录发生错误,不准涂改、挖补、刮擦或者用药水消除字迹,不准重新抄写,必须按照下列方法进行更正:

(一)登记账簿时发生错误,应当将错误的文字或者数字划红线注销,但必须使原有字迹仍可辨认;然后在划线上方填写正确的文字或者数字,并由记账人员在更正处盖章。对于错误的数字,应当全部划红线更正,不得只更正其中的错误数字。对于文字错误,可只划去错误的部分。

(二)由于记账凭证错误而使账簿记录发生错误,应当按更正的记账凭证登记账簿。

第六十二条　各单位应当定期对会计账簿记录的有关数字与库存实物、货币资金、有价证券、往来单位或者个人等进行相互核对,保证账证相符、账账相符、账实相符。对账工作每年至少进行一次。

(一)账证核对。核对会计账簿记录与原始凭证、记账凭证的时间、凭证字号、内容、金额是否一致,记账方向是否相符。

(二)账账核对。核对不同会计账簿之间的账簿记录是否相符,包括:总账有关账户的余额核对,总账与明细账核对,总账与日记账核对,会计部门的财产物资明细账与财产物资保管和使用部门的有关明细账核对等。

(三)账实核对。核对会计账簿记录与财产等实有数额是否相符。包括:现金日记账账面余额与现金实际库存数相核对;银行存款日记账账面余额定期与银行对账单相核对;各种财物明细账账面余额与财物实存数额相核对;各种应收、应付款明细账账面余额与有关债务、债权单位或者个人核对等。

第六十三条　各单位应当按照规定定期结账。

(一)结账前,必须将本期内所发生的各项经济业务全部登记入账。

(二)结账时,应当结出每个账户的期末余额。需要结出当月发生额的,应当在摘要栏内注明"本月合计"字样,并在下面通栏划单红线。需要结出本年累计发生额的,应当在摘要栏内注明"本年累计"字样,并在下面通栏划单红线;12月末的"本年累计"就是全年累计发生额。全年累计发生额下面应当通栏划双红线。年度终了结账时,所有总账账户都应当结出全年发生额和年末余额。

(三)年度终了,要把各账户的余额结转到下一会计年度,并在摘要栏注明"结转下年"字样;在下一会计年度新建有关会计账簿的第一行余额栏内填写上年结转的余额,并在摘要栏注明"上年结转"字样。

第四节　编制财务报告

第六十四条　各单位必须按照国家统一会计制度的规定,定期编制财务报告。

财务报告包括会计报表及其说明。会计报表包括会计报表主表、会计报表附表、会计报表附注。

第六十五条　各单位对外报送的财务报告应当根据国家统一会计制度规定的格式和要求编制。

单位内部使用的财务报告,其格式和要求由各单位自行规定。

第六十六条　会计报表应当根据登记完整、核对无误的会计账簿记录和其他有关资料编制,做到数字真实、计算准确、内容完整、说明清楚。

任何人不得篡改或者授意、指使、强令他人篡改会计报表的有关数字。

第六十七条　会计报表之间、会计报表各项目之间,凡有对应关系的数字,应当相互一致。本期会计报表与上期会计报表之间有关的数字应当相互衔接。如果不同会计年度会计报表中各项目的内容和核算方法有变更的,应当在年度会计报表中加以说明。

第六十八条　各单位应当按照国家统一会计制度的规定认真编写会计报表附注及其说明,做到项目齐全,内容完整。

第六十九条　各单位应当按照国家规定的期限对外报送财务报告。

对外报送的财务报告,应当依次编列页码,加具封面,装订成册,加盖公章。封面上应当注明:单位名称,单位地址,财务报告所属年度、季度、月度,送出日期,并由单位领导人、总会计师、会计机构负责人、会计主管人员签名或者盖章。

单位领导人对财务报告的合法性、真实性负法律责任。

第七十条　根据法律和国家有关规定应当对财务报告进行审计的,财务报告编制单位应当先行委托注册会计师进行审计,并将注册会计师出具的审计报告随同财务报告按照规定的期限报送有关部门。

第七十一条　如果发现对外报送的财务报告有错误,应当及时办理更正手续。除更正本单位留存的财务报告外,并应同时通知接受财务报告的单位更正。错误较多的,应当重新编报。

第四章　会计监督

第七十二条　各单位的会计机构、会计人员对本单位的经济活动进行会计监督。

第七十三条　会计机构、会计人员进行会计监督的依据是:

(一) 财经法律、法规、规章。

(二) 会计法律、法规和国家统一会计制度。

(三) 各省、自治区、直辖市财政厅(局)和国务院业务主管部门根据《中华人民共和国会计法》和国家统一会计制度制定的具体实施办法或者补充规定。

(四) 各单位根据《中华人民共和国会计法》和国家统一会计制度制定的单位内部会计管理制度。

(五) 各单位内部的预算、财务计划、经济计划、业务计划等。

第七十四条　会计机构、会计人员应当对原始凭证进行审核和监督。

对不真实、不合法的原始凭证,不予受理。对弄虚作假、严重违法的原始凭证,在不予受理的同时,应当予以扣留,并及时向单位领导人报告,请求查明原因,追究当事人的责任。

对记载不准确、不完整的原始凭证,予以退回,要求经办人员更正、补充。

第七十五条　会计机构、会计人员对伪造、变造、故意毁灭会计账簿或者账外设账行为,应当制止和纠正;制止和纠正无效的,应当向上级主管单位报告,请求作出处理。

第七十六条　会计机构、会计人员应当对实物、款项进行监督,督促建立并严格执行财产清查制度。发现账簿记录与实物、款项不符时,应当按照国家有关规定进行处理。超出会计机构、会计人员职权范围的,应当立即向本单位领导报告,请求查明原因,作出处理。

第七十七条　会计机构、会计人员对指使、强令编造、篡改财务报告行为,应当制止和纠正;制止和纠正无效的,应当向上级主管单位报告,请求处理。

第七十八条　会计机构、会计人员应当对财务收支进行监督。

(一) 对审批手续不全的财务收支,应当退回,要求补充、更正。

(二) 对违反规定不纳入单位统一会计核算的财务收支,应当制止和纠正。

(三) 对违反国家统一的财政、财务、会计制度规定的财务收支,不予办理。

(四) 对认为是违反国家统一的财政、财务、会计制度规定的财务收支,应当制止和纠正;制止和纠正无效的,应当向单位领导人提出书面意见请求处理。

单位领导人应当在接到书面意见起十日内作出书面决定,并对决定承担责任。

(五) 对违反国家统一的财政、财务、会计制度规定的财务收支,不予制止和纠正,又不向单位领导人提出书面意见的,也应当承担责任。

(六) 对严重违反国家利益和社会公众利益的财务收支,应当向主管单位或者财政、审计、税务机关报告。

第七十九条　会计机构、会计人员对违反单位内部会计管理制度的经济活动,应当制止和纠正;制止和纠正无效的,向单位领导人报告,请求处理。

第八十条　会计机构、会计人员应当对单位制定的预算、财务计划、经济计划、业务计划的执行情况进行监督。

第八十一条　各单位必须依照法律和国家有关规定接受财政、审计、税务等机关的监督,如实提供会计凭证、会计账簿、会计报表和其他会计资料以及有关情况、不得拒绝、隐匿、谎报。

第八十二条　按照法律规定应当委托注册会计师进行审计的单位,应当委托注册会计师进行审计,并配合注册会计师的工作,如实提供会计凭证、会计账簿、会计报表和其他会计资料以及有关情况,不得拒绝、隐匿、谎报,不得示意注册会计师出具不当的审计报告。

第五章　内部会计管理制度

第八十三条　各单位应当根据《中华人民共和国会计法》和国家统一会计制度的规定,结合单位类型和内容管理的需要,建立健全相应的内部会计管理制度。

第八十四条　各单位制定内部会计管理制度应当遵循下列原则:

(一) 应当执行法律、法规和国家统一的财务会计制度。

(二) 应当体现本单位的生产经营、业务管理的特点和要求。

(三) 应当全面规范本单位的各项会计工作,建立健全会计基础,保证会计工作的有序进行。

(四) 应当科学、合理,便于操作和执行。

(五) 应当定期检查执行情况。

(六) 应当根据管理需要和执行中的问题不断完善。

第八十五条　各单位应当建立内部会计管理体系。主要内容包括:单位领导人、总会计师对会计工作的领导职责;会计部门及其会计机构负责人、会计主管人员的职责、权限;会计部门与其他职能部门的关系;会计核算的组织形式等。

第八十六条　各单位应当建立会计人员岗位责任制度。主要内容包括:会计人员的工作岗位设置、各会计工作岗位的职责和标准、各会计工作岗位的人员和具体分工、会计工作岗位轮换办法、对各会计工作岗位的考核办法。

第八十七条　各单位应当建立账务处理程序制度。主要内容包括:会计科目及其明细科目的设置和使用;会计凭证的格式、审核要求和传递程序;会计核算方法;会计账簿的设置;编制会计报表的种类和要求;单位会计指标体系。

第八十八条　各单位应当建立内部牵制制度。主要内容包括:内部牵制制度的原则、组织分工、出纳岗位的职责和限制条件、有关岗位的职责和权限。

第八十九条　各单位应当建立稽核制度。主要内容包括:稽核工作的组织形式和具体分工;稽核工作的职责、权限;审核会计凭证和复核会计账簿、会计报表的方法。

第九十条　各单位应当建立原始记录管理制度。主要内容包括:原始记录的内容和填制方法;原始记录的格式;原始记录的审核;原始记录填制人的责任;原始记录签署、传递、汇集要求。

第九十一条　各单位应当建立定额管理制度。主要内容包括:定额管理的范围;制定和修订定额的依据、程序和方法;定额的执行;定额考核和奖惩办法等。

第九十二条　各单位应当建立计量验收制度。主要内容包括:计量检测手段和方法、计量验收管理的要求、计量验收人员的责任和奖惩办法。

第九十三条　各单位应当建立财产清查制度。主要内容包括:财产清查的范围、财产清查的组织、财产清查的期限和方法、对财产清查中发现问题的处理办法、对财产管理人员的奖惩办法。

第九十四条　各单位应当建立财务收支审批制度。主要内容包括:财务收支审批人员和审批权限、财务收支审批程序、财务收支审批人员的责任。

第九十五条　实行成本核算的单位应当建立成本核算制度。主要内容包括:成本核算的对象、成本核算的方法和程序、成本分析等。

第九十六条　各单位应当建立财务会计分析制度。主要内容包括:财务会计分析的主要内容、财务会计分析的基本要求和组织程序、财务会计分析的具体方法、财务会计分析报告的编写要求等。

第六章　附　则

第九十七条　本规范所称国家统一会计制度,是指由财政部制定、或者财政部与国务院有关部门联合制定、或者经财政部审核批准的在全国范围内统一执行的会计规章、准则、办法等规范性文件。

本规范所称会计主管人员,是指不设置会计机构、只在其他机构中设置专职会计人员的单位行使会计机构负责人职权的人员。

本规范第三章第二节和第三节关于填制会计凭证、登记会计账簿的规定,除特别指出外,一般适用于手工记账。实行会计电算化的单位,填制会计凭证和登记会计账簿的有关要求,应当符合财政部关于会计电算化的有关规定。

第九十八条　各省、自治区、直辖市财政厅(局)、国务院各业务主管部门可以根据本规范的原则,结合本地区、本部门的具体情况,制定具体实施办法,报财政部备案。

第九十九条　本规范由财政部负责解释、修改。

第一百条　本规范自公布之日起实施。1984 年 4 月 24 日财政部发布的《会计人员工作规则》同时废止。